KB013275

스피노자와 후계자들

편역 | **박삼열**

영국 글래스고(Glasgow) 대학교에서 철학박사 학위를 받았으
며, 관동대학교 겸임교수를 거쳐 지금은 숭실대학교 조교수로
있다. 서양 근대철학 전반에 대해 관심을 가지고 연구하고 있
다. 주요 논문으로는 「스피노자의 속성개념에 대한 객관적 해
석의 문제점」, 「라이프니츠의 현상론」 외 다수가 있다.

스피노자와 후계자들

2010년 10월 10일 초판 인쇄
2010년 10월 15일 초판 발행

편 역 | 박 삼 열
펴낸이 | 이 찬 규
펴낸곳 | 북코리아
등록번호 | 제03-01240호
주소 | 121-801 서울시 마포구 공덕동 115-13번지 2층
전화 | 02-704-7840
팩스 | 02-704-7848
이메일 | sunhaksa@korea.com
홈페이지 | www.북코리아.com
ISBN | 978-89-6324-087-9 (93160)

값 12,000원

본서의 무단복제를 금하며, 잘못된 책은 바꾸어 드립니다.

이 도서의 국립중앙도서관 출판시도서목록(CIP)은
e-CIP 홈페이지(http://www.nl.go.kr/ecip)에서 이용하실 수 있습니다.
(CIP제어번호: CIP2010003993)

스피노자와 후계자들

박삼열 편역

북코리아

일러두기

이 책의 모든 글은 해당 저작권자의 허락을 받은 것입니다.

Hubbeling, H. G.(1984) Today's Western Spinozism, in: Deuge, C. de (1984) *Spinoza's Political and Theological Thought*, Amsterdam: North Holland Publishing Company, 7-13.

Pierre-François Moreau, "Spinoz's Reception and Influence", trans. Roger Ariew, in Don Garret (ed.), *The Cambridge to Spinoza*, Cambridge University Press, 1996, pp.408-33.

Henry Walter Brann, "Schopenhauer and Spinoza" *Journal of the History of Philosophy 10*, 1972: 181-96.

Richard Schacht, "The Nietzsche-Spinoza Problem: Spinoza as Precursor?", in Y. Yovel(ed.), *Desire and Affect-Spinoza as Pyschologist (Spinoza by 2000, v. III)*, Leiden: Brill, 2000, pp.167-86.

Véronique M. Fóti, "Thought, Affect, Drive and Pathogenesis in Spinoza and Freud", *History of European Ideas 3*, 1982: 221-36.

R. G. Blair, "Imagination and Freedom in Spinoza and Sartre", *Journal of the British Society for Phenomeanology 1*, 1970: 13-16.

Henry Pietersma, "Merleau-Ponty and Spinoza", *International Studies in Philosophy 20*, 1988: 89-93.

:: 머리말

　스피노자는 근대의 철학자 중 가장 '변종'의 철학자라고 할 수 있다. 근대의 철학자이면서 근대를 벗어난 탈근대의 사고를 지향했기 때문일 것이다. 모로(Pierre François Moreau)는 스피노자의 철학을 '위대한 사상의 흐름에 대한 거울'과 같다고 주장한다. 스피노자는 신과 세계, 정신과 신체, 이성과 상상력, 감정, 삶과 죽음, 개인과 사회의 관계 등을 심도 있게 논의한 철학자이다. 그러나 스피노자 철학과 저작들에 대한 많은 해석상의 도전이 존재해왔다. 그의 저작들에 대한 해석상의 도전은 특수한 관점뿐만 아니라 전체로서의 체계에 대한 매우 다른 견해들을 형성하게 되었다. 이로 인해 다양한 '스피노자'와 그 '후계자들'이 존재하게 된 것이다.

　그는 무신론자로 묘사되기도 하고 신에 취한 자로서 묘사되기도 한다. 그리고 숙명론자로서 또는 계몽된 자유의 수호자로서 묘사되기도 한다. 그리고 철저한 이성주의자로서 또는 낭만주의의 선구자로서 묘사되기도 한다. 이런 모습들은 스피노자 이후 현대에 이르기까지 많은 시간을 통해 형성된 스피노자에 대한 평가라고 할 수 있다. 이 책을 통해 다양한 스피노자의 후계자들을 조명해봄으로써 그가 다양한 현대 철학자들의 선구자임을 보게 될 것이다.

　제1장에서는 서구 유럽 나라들과 미국에서 행해진 스피노자의 철학에 대한 연구 발전의 경과를 살펴볼 것이다. 1933년 이전에 독일에서는 스피

노자의 철학에 대한 연구가 번영을 했었지만 제2차 세계대전이 발발함에 따라 스피노자는 유태인이라는 이유로 스피노자에 대한 연구는 파괴되어 버렸다. 제2차 세계대전 이후 1960년대에 분석철학이 강조가 되면서 스피노자는 그의 이성주의 때문이 아니라 형이상학자이기 때문에 비판을 받았다. 그러나 스피노자에 대한 연구가 정체된 기간 동안에도 네덜란드에서는 Het Spinozahuis란 협회가 활기차며 고무적인 총재 W. G. van der Tak 아래 여전히 활기를 띠었다.

제2장에서는 17세기 이후의 스피노자의 영향과 스피노자의 현대적 수용에 대해 다룬다. 17세기는 스피노자의『신학정치론』에 대한 많은 비평을 통해 성서의 권위와 진정성을 옹호하는 프로테스탄트들과 그리스도의 신성과 모세 율법의 유효성을 거부하는 스피노자의 비평이 다루어진다. 18세기에는 범신론과 카발라 철학, 호전문학, 신 스피노자주의, 범신론적 대립 그리고 권리와 정치를 통해서 스피노자 철학의 영향과 수용을 다루고 있다. 19세기에 들어서는 독일의 관념론, 프랑스의 절충주의와 실증주의 그리고 쇼펜하우어와 니체, 더 나아가 마르크스에 이르는 현대철학자들에게 스피노자가 어떤 영향을 미치고 있는지에 대해 집중적으로 조명하고 있다. 20세기에서는 특히 1945년 이후의 스피노자 철학의 부활을 심도 있게 다루며 현대 유럽 철학에 있어서 스피노자의 영향과 수용을 진단한다.

제3장에서는 스피노자의 일원론에서 자신의 주의주의를 발견한 쇼펜하우어에 대해 다루고 있다. 쇼펜하우어는 스피노자의 위대한 숭배자로서 묘사된다. 어니스트 클레멘스와 사무엘 레파포트는 쇼펜하우어의 "의지의 일원론"은 단지 "스피노자의 추상적 일원론"의 변형이라고 주장한다. 스피노자 철학의 기본적인 관점인 신체와 정신의 형이상학적 일원론은, 본질적으로 쇼펜하우어의 의지론과 일치한다는 것이다. 비관론보다 더욱 중요한 것은 의지의 우월성의 원칙이다. 의지가 탁월하다는 원칙은 특히 니체, 베

르그송, 제임스와 듀이와 같은 많은 철학자들에 의해서 주장되어 왔다. 더 나아가 쇼펜하우어와 스피노자가 동의하는 중요한 이론 가운데 하나는 인간의 행동을 포함하는 모든 사건에 대한 결정론적 시각이다. 그러므로 쇼펜하우어는 암스테르담의 철인 스피노자를 존경하고 그를 많은 면에서 자신의 선구자로 삼고 있다.

제4장에서는 니체와 스피노자의 관계를 살펴본다. 이들의 관계는 둘 모두 계몽적이라는 이유 때문에 큰 관심을 불러일으킨다. 그들의 감정에 대한 이론들과 유명한 스피노자의 코나투스 그리고 이에 필적하는 니체의 힘의 의지에 대한 문제점들에 대해서 논의할 것이다. 스피노자와 니체 모두에게 감정론은 모든 인간을 심리학적인 현상으로 이해하는 열쇠라 할 수 있다. 또한 니체는 삶과 세계에 대한 해석에서 심리학적인 선구자로서 스피노자를 인정한다. 더 나아가 스피노자에게 전통적인 유대-기독교의 '오래된 신'에 대한 관념은 심각하게 여겨질 더 이상의 가치도 없고 버려져야만 하는 것이었다. '신'에 대한 이러한 관점은 니체로 하여금 스피노자를 자신의 선임자로 간주하게끔 한다. 니체는 스피노자를 자신의 위대한 동지로 또한 자신의 사유 방식의 선구자로서 인식하고 있다.

제5장에서는 프로이드의 정신분석학이 스피노자의 연구를 통해 이루어졌음을 밝히고 있다. 프로이드의 서한들을 통해서 자신의 정신분석학의 많은 내용들이 스피노자의 가르침에 의존하고 있다고 말한다. 특별히 스피노자의 코나투스 이론의 개념을 통해 감정과 정념의 이론에 크게 영향 받았음을 말하고 있다.

제6장은 사르트르와 스피노자를 비교 검토한다. 스피노자의 윤리학과 사르트르의 상상력을 통해서 의식과 자유에 대해 논의한다. 사르트르가 유일하게 스피노자에 대한 언급한 것은 결정론의 내용들은 부정적이라는 것이지만, 사르트르에 의해서 사용된 학문적 용어는 놀라울 정도로 스피노

자의 것과 유사하다.

　제7장은 스피노자와 메를로퐁티를 다루고 있다. 메를로퐁티는 스피노자의 "우리는 동일한 진리를 가지고 있다"는 경구를 자주 인용한다. 이러한 스피노자의 관점을 토대로 메를로퐁티는 우리는 진정한 사유를 가지고 있으며, 진리는 자신의 관점에 있다고 말하고 있다.

　현대 프랑스 철학계에서는 1960년대부터 알튀세르, 들뢰즈, 바디우, 발리바르, 네그리 등의 학자들이 스피노자를 연구함으로써 스피노자 르네상스가 열렸다. 철학적 이방인 또는 야만적 별종으로 불리는 17세기 스피노자의 철학이 현대 철학자들에 의해 재구성되어 현재의 철학으로 거듭나고 있다. 스피노자는 근대를 풍미했던 철학자임에 틀림없다. 하지만 그의 철학은 현대의 많은 사상가들과 철학자들의 사유에 면면히 이어져 내려오고 있다. 이 책에서 우리는 스피노자의 철학이 근대와 현대를 이어주는 교두보 역할을 하고 있으며 현대 철학의 선구적 역할을 하는 철학체계였음을 확인하게 될 것이다. 또한 이 책을 통해 수세기가 지난 오늘날의 현실에도 여전히 적용되고 있는 스피노자의 현재성을 발견할 수 있을 것이다.

2010년 10월
박삼열

:: 차 례

I

현대 서양의
스피노자주의

지금부터 우리는 짧은 담론을 통해서 서구 유럽 나라들과 미국에서 행해진 스피노자의 철학에 대한 연구 발전의 경과를 살펴볼 것이다. 물론, 우리는 간단하게 요약만 할 계획이다.

제2차 세계 대전이 끝난 1945년에서 시작을 해보면, 국가사회주의가 스피노자의 연구와 관계된 야만적인 파괴행위를 끝마쳤을 무렵이다. 1933년 이전에 독일에서는 스피노자의 철학에 대한 연구가 번영을 했었는데, 심지어 독일이 이 분야에서는 선두를 달리고 있었다고 말할 수 있다. 그러나 이 모든 것들이 스피노자가 유태인이라는 이유 때문에 파괴되어 버렸고 많은 활동적이고 가능성 있는 유태인 연구자들이 살해 되었다. 전쟁이 끝난 후 모든 분야에서 복구 작업이 진행이 되었지만, 스피노자에 대한 관심은 쉽게 돌아오지 않았다. 정신적이고 철학적인 풍토가 그의 철학과는 맞지 않았기 때문이다. 대륙에서는 실존주의가 대세를 이루었는데 이 철학적인 유행은 이성주의적인 스피노자에 대해서 지대한 불신을 보였다. 실존주의에 따르면,

사람의 사유는 그의 존재로 인해서 발견된다고 한다. 그는 철학적인 생각을 하기에 앞서, 삶의 근본적인 선택을 만들었다. 실존주의자들에 눈에는 스피노자가 했던 것과 같이 정의와 공리 그리고 명제를 만들어가는 체계가 부조리하게 보였다. 게다가 스피노자는 너무 낙관적이고 인간의 존재에 대한 비극적인 면에 대한 인식이 없다고 여겨졌다. 다른 한쪽으로 실존주의자들은 철학에서 인간의 중심적인 위치와 인간이야말로 지구상의 지성적인 존재라는 것을 강조했다. 하지만, 스피노자는 인간을 그러한 중심적인 위치에 놓는 것을 반대했는데 그에게 인간은 인간의 관심(man's interest)을 생각하지 않고 존재하는 세계의 작은 부분에 불과했다.

하지만 17세기 실존주의자들이 모든 이성주의적 사상가들이 반대, 거부한 것은 아니다. 전체적으로 봤을 때, 실존주의자들은 데카르트를 열망했는데 그 이유는 그가 스피노자보다 훨씬 더 주의주의적 이었기 때문이다. 심지어 유명한 프랑스의 철학자이자 17세기 정신의 전문가인 페르디낭 아키에(Ferdinand Alquie)는 데카르트에 대한 실존주의적인 해석을 했고 나머지 모든 이성주의적 오역에 대해서 스피노자를 비난했다.[1]

하지만, 실존주의자들 가운데에서도 스피노자에 대한 일반적인 반대에 관해서 몇몇 예외가 있었다. 잘 알려진 예로는 야스퍼스(Karl Jaspers)[2], 가 있는데 그는 대부분의 실존주의자들과는 대조적으로 독

---

[1] Alquie, F., La decouverte metaphysique de l'homme chez Descartes, Paris 1950.

[2] Jaspers, K., Aus dem Ursprung denkende Metaphysiker. Anazimander,

일의 관념론을 그의 생각과 함께 구체화시켰고 독일의 관념론은 스피노자에 의해서 철저히 영향을 받았다. 게다가, 스피노자의 ─ 더이상은 기독교적인 개념이 아닌 ─ 신에 대한 개념은 야스퍼스를 매료시켰는데 야스퍼스 또한 스피노자와 마찬가지로 모든 것을 수용하는 신의 개념을 가지고 있었다. 하지만, 야스퍼스의 관심은 항상 하이데거, 사르트르, 메를로퐁티보다는 적은 편이었다.

제2차 세계대전 직후, 두 번째로 중요한 철학적인 경향이 있었는데, 이것은 원래 영어권 국가들과 스칸디나비안 나라들에서 강세를 보였었다. 하지만, 60년대에 그것은 방대한 규모로 대륙나라들에게 소개가 되었다. 그것은 일반적으로 분석철학이라고 불리워졌는데 논리와, 언어학적인 분석 그리고 과학에 많은 강조가 됐다. 여기서 스피노자는 그의 이성주의 때문이 아니라 형이상학자이기 때문에 비판을 받았다. 스피노자가 전체적인 세계관(world-view)을 발전시킨 반면에 분석과학은 철학의 작업은 더 제한되어야 한다고 봤다. 즉, 언어와 논리, 기초과학, 그리고 인식론의 문제에 대한 분석을 말함이다. 게다가 스피노자는 그의 접근방식에 있어서 충분히 경험적이지 못하다고 알려졌다.3)

물론, 이러한 공격들로부터 스피노자를 보호하는 것이 가능하지

Heraklit, Parmenides, Plotin, Anselm, Spinoza, Laotse, Nagajuna, München 1966 (This is a part of Jaspers'well-known book Die grossen Philosophen, Munchen 1957.).
3) 여기서 역시 예외는 언급되어진다. Hampshire, S., Spinoza, London 1951 (many reprints).

만, 이 작업은 우리의 원래 취지로부터 멀리 벗어날 것이다. 나는 단지 그의 이해의 발전에 관한 논문에서 스피노자가 그의 철학적인 연구를 그의 세계관을 위한 확고한 기반을 내려놓기 위해서, 그래서 그가 바로 사라져버리지 않는 영원한 선을 누리기 위함임을 명확히 밝히고 싶다. 스피노자는 그의 많은 가르침들이 사람들에게 선을 유지시켜주고 안전한 삶을 유지시켜줄 수 있다는 것을 보여주고 있다. 스피노자는 냉정하거나 추상적이며 전체적인 문제들을 외면하며 외로이 생각하는 사람이 아니었다. 일반 사람들이나 현인 그리고 철학자들까지 포함시킨 인간의 문제점들에 대한 스피노자의 관심과 염려는 지금까지도 그의 작업들 속에서 존재한다.[4] 그는 오직 명제와 정의와 같은 부분에 도움을 받아 철학적인 문제들을 과학적인 방법으로 접근하길 원했다. 즉, 전체 철학적인 체계를 기하학적인, 다시 말해 공리적인 방법으로 접근하기를 원했다.

네덜란드에서 스피노자에 대한 연구가 정체된 기간 동안에도 Het Spinozahuis란 협회가 활기차며 고무적인 총재 W. G. van der Tak 아래 여전히 활기를 띠었다. 그는 스피노자의 어린 시절과 초창기 시절에 관한 기록과 자료수집에 많은 노력을 기울였다. Vaz Dias와 함께 그는 이 주제에 대한 유명한 책을 썼는데 지금까지 네덜란드를 제외하고는 별로 주목을 받지 못했다. 우리는 영어 번역본이 350년째 되는 기념일에[5] 완성이 된 것을 기쁘게 생각한다. 그리고 C. L.

---

4) Hubbeling, H. G., Spinoza's Methodology, Assen, 1967, p.38ff; idem, Spinoza, München 1978, p.41 ff (Spanish translation, Spinoza, Barcelona 1981, p.39 ff.

Thijssen-Schoute는 그녀의 유명한 데카르트 철학에 대한 연구도 언급되어야 할 것이다.[6] 그러나 많은 역사적인 연구들이 만들어졌음에도 불구하고 스피노자의 철학이 오래됐다는 일반적인 인식이 없어지지는 않는다. 대조적으로, 협회 구성원들 간에서도 스피노자의 과학과 수학에 대한 개념이 오래된 것임을 당연한 것으로 여겨졌다. 여기서 나는 많은 관심을 끌었던 Brunt 의 강의에 대해서 특별히 생각해 보고자 한다.[7]

1960년대에는 일반적인 철학 풍토(climate)에 변화가 있었는데 그 변화는 스피노자의 대한 관심을 다시금 불러일으켰다. 실존주의가 수그러들었고 대신 구조주의가 그 뒤를 이어받았는데 이 형식의 철학은 전보다 훨씬 더 이성적인 것이어서 이 관점에서 볼 때 스피노자는 더 이상 비판받지 않게 되었다. 게다가, 이 철학에서 인간은 더 이상 세상의 중심에 있지 않게 되는데 스피노자는 과거에 이러한 생각을 한 한명의 철학자의 자격으로 칭송을 받았다.

17세기에 바깥세상은 처음으로 기계와 수학의 도움으로 완전히 설

---

5) Vaz Dias, A. M. and W. G. van der Tak, Spinoza Mercator & Autodidactus, Den Hang 1932; English translation with a preface on the work of Vaz Dias and Van Der Tak by G. van Schoutelen : A.M. Van Dias/ W. G. van der Tak, Spinoza Merchant & Autodidact, reprint from Studia Rosenthaliana, vol. XVI, number 2, 1982.

6) Thijssen-Schoute, C. L., Nederlands Cartesianisme, Amsterdam 1954.

7) Brunt, N. A., De wiskundigedenkwijze in Spinoza's philosophie en in de moderne natuurkunde, Mededelingen vanwege Het Spinozahuis, 12, Leiden 1955.

명되는 시대가 되었는데 철학자들은 기계적이나 수학적인 방법으로 설명될 수 없는 인간의 영혼에 대해서 예외를 두었고 인간은 신과 친밀한 관계를 찾게 되었다. 하지만 스피노자의 수학이나 기계학적인 설명은 변함이 없었다. 인간의 영혼도 예외가 아니었고 그것은 영원과 자연의 법칙에 종속되어 있었다. 여전히 스피노자의 신비적인(mystic) 특징들은 부족하지 않았다. 왜냐하면 그는 파스칼과 마찬가지로 이 수학적인 세상의 질서를 전혀 다른 것으로 그리고 적대적으로 보지 않고 신의 영적인 존재의 표현으로 보았기 때문이다. 그럼에도 불구하고 이 논리는 인간은 세상의 중심에 있지 않고 오직 부분에만 위치한다는 스피노자의 생각에는 아무런 변화를 주지 않는다.

스피노자의 시각은 자명한 것으로 보일지 몰라도 이와 관련해서 상당한 영향을 끼친 독일의 관념론에서는 인간은 인식론적으로 여전히 우주의 중심에 위치해 있다. 존재론적으로 인간은 더 이상 그 자리에 위치해 있지 않지만, 우주는 인간에 의해서 그리고 인간을 통해서 알려졌고 이것은 명백하게 구조주의에서 인정되지 않았다. 물론, 인간 개념과 이론들은 인식의 과정에 있어서 중요한 역할을 차지하지만, 인식의 구조적인 그리고 근본적인 관계는 세계 안에 있는 것들과 다르다. 우리의 생각 속에 있는 논리적인 그리고 수학적인 관계는 세상에 있는 것과 같고 그것들은 또한 한 부분에 속해져있는데 이것이 바로 구조주의와 스피노자의 일반적인 교설이다.

그리고 분석철학의 추종자들의 생각 속에 변화가 있었는데 반형이상학적인 태도는 이제 생각이 좁은 것으로 간주가 되었다. 장기적인 측면에서 철학적인 칼을 가는 것은 아무것도 자를게 없게 되면 지루하게 된다. 여기서 철학적인 세계관을 형성하는 것에 대해 새로운 관심이 대두되었는데 합리적인 방법으로 체계를 갖추고 만든 스피노자가 도움이 되고 또한 훌륭한 토론상대가 될 수 있었다. 인간은, 물론, 더 이상 밝힐 수 없는 마지막에 이르러서는 선택을 해야 하지만 스피노자는 가능한 한 이성적이고자 노력했고 비이성주의를 반대했는데 이러한 태도 또한 분석적이고 구조적인 철학의 일반적인 특징이었다.

유럽의 몇몇 국가들과 영어권 국가들에서는 또 다른 철학적 경향이 중요했는데 즉, 과정철학이 화이트헤드와 하트숀(Whitehead and Hartshorne)에 의해서 발족이 되었다. 이 사상가들 특히 Whitehead 의 경우에는 스피노자의 철학에 대해서 항상 엄청난 갈망과 동정을 느끼곤 했다. 과정철학에서는 만유 내재신론적인 생각들이 오고갔는데 이것은 스피노자의 것들과 많은 일치를 보인다. 차이점라면 분석철학에서는 발전과 동력론을 많이 강조하지만 스피노자의 대한 역동적인 해석 또한 마찬가지로 할 수 있다. 더 중요한 차이점은, 과정철학자들에게 시간은 신에게 있어서 실재하지만 스피노자에게 있어서는 고전적인 신의 개념에 더 가깝다. 두 철학적 체계에 대해 좀 더 자세하고 깊이 있는 설명을 하기엔 우리의 본래 주제를 넘어 버리게 된다.[8]

그리고 또 다른 측면에서 스피노자의 철학은 더 실제적이고 흥미로워졌다. 우리가 살펴본 바와 같이 스피노자의 대한 비판 중 하나는

---

8)   Cp. Hubbeling, H. G., De "Whitehead and Spinoza" a lecture that will appear in the proceedings of the Whitehead conference, Bonn, 1981.

바로 그의 접근방식이 충분히 경험적이지 못하다는 것이었다. 이제 현저한 변화가 두 가지 측면에서 다가왔다. 첫 번째는 스피노자의 경험주의가 통상 생각했던 것보다 더 중요하다는 것이다. 그 중에서도 네덜란드 스피노자 철학의 학자인 De Deugd의 역할이 중요한 영향을 끼쳤다.[9]

그러나 두 번째 측면인 과학 철학에서는 개념형성의 중요성이 과거보다 오늘날 더 중요하게 부과되었다. 이전에는 경험주의 자료 (empirical data)라고 불리는 순박한 이해가 있었는데 근대적인 인식에 따르면, 자료라고 불릴 만한 것들은 그것이 사용된 이론에 근거하는데 다른 말로 표현하자면, 질서 잡힌 데이터 전체에 의한 체계에 의존하는 것이다. 그리고 이러한 견해는 스피노자의 과학 개념과 매우 유사하다. 스피노자 인식론의 두 번째 방법인 이성적인 사고는 큰 규모의 토대를 제공하는데 그것의 구체적인 예시는 경험적인 연구가 우리에게 가르치는 것에 대해 근거하며 그러한 개념은 오래되지도 않았다. 그러므로 근대 체계의 이론들 또한 스피노자를 훌륭한 선구자중 한명으로 여기고 있다.

그리고 또 다른 측면에서 스피노자에 대한 재평가도 이해할 수 있다. 오랜 시간 동안, 칸트의 시대에서부터 스피노자도 포함시킨 모든 칸트 이전의 철학자들은 시대에 뒤떨어졌다고 여겨졌다. 하지만, 근대 철학은 칸트의 인식론의 대한 약점을 찾아냈고 다시 흄, 버클리, 로크, 라이프니츠, 데카르트 그리고 스피노자와 같은 칸트 이전의 철

---

9)   Deugd, C. de, The Significance of Spinoza's First Kind of Knowledge, Assen 1966.

학자들에게로 돌아간다. 나의 선배이자 Het Spinozahuis 협회의 회장이었던 J. J. von Schmid 교수는 많은 스피노자 신봉자들의 열광을 아버지와도 같은 연설과 타이름으로 가라앉히곤 했다.

"제발 부탁이건대, 칸트를 먼저 읽으시오. 그러면 당신들의 스피노자주의를 고칠 수 있을 것이오."

그가 한 일은 나에겐 불가능한 일인데, 흥미로운 점은 17세기 철학에서 활발하게 토론되었던 문제들이 칸트에서부터 소외되었기에 지금에 와서 또 다시 토론된다는 것이다. 예를 들어, 신과 논리적인 법의 관계에 대한 문제점을 말함이다. 그것들이 창조되었는지(데카르트) 아니면 신이 그것들에게 종속되어 있는지(라이프니츠)에 문제의 관한 가장 확실한 답은 의심할 여지없이 스피노자에게서 답이 나온다. 그것들은 신의 본질에 대한 표현이다!

다시금 유발된 스피노자의 대한 관심을 설명할 수 있는 또 다른 부분이 있다. 기뻐하든지 슬퍼하든지 간에, 물론 나는 확실히 후회하지만, 서유럽의 사람들에 대한 기독교의 영향이 줄어들고 있다는 사실이다. 현재 영적인 허공은 점점 더 발전하고 있다. 그리고 여기서 스피노자는 이 틈을 줄일 수 있는데 그 이유는 충분히 역설적으로 들릴지는 모르지만, 그의 철학은 여전히 기독교와 유대교와 가까운데 이 종교들의 많은 특징들이 그의 사고와 혼합되어 있기 때문이다. 그러므로 기독교에서 스피노자의 세계관으로의 단계는 Zen-Buddhistic이나 크리슈나(Krishna)의 것처럼 크지는 않다. 네덜란드에서는 특히 Groen 교수가 이 부분을 굉장히 강조한다.

우리는 이제부터 여러 나라들의 스피노자의 연구에 대한 개론을 살펴볼 것인데 내가 만약 모든 중요한 책과 논문들을 언급한다면 아주 지루해 질것이다.10) 그래서 난 이 분야의 연구에 대해서 중요한 특징만 언급하는 것으로 스스로를 제한시키려고 한다.

우선 무엇보다도, 노르웨이에서는 스피노자의 대한 연구가 네스 (A. Naess)의 자극적인 작업으로부터 형성되었다. 그는 분석 철학자들에게 속해 있는데 영원히 철학적인 칼을 가는 것에 대해서 불만을 가지고 있었고 무엇인가 충분히 먹을 만한 것을 찾고 있었다. 스피노자를 통해서 그는 합리적인 사고방식, 그의 삶의 방식 그리고 스피노자의 철학이 환경의 문제에 대한 기여를 높이 평가했고 그와 그의 제자들은 스피노자에 대한 중요한 책들을 써냈다.11)

한 가지 대단한 것은 프랑스에서의 스피노자에 대한 관심인데 한동안은 그가 가장 많이 읽히고 토론되어진 철학자라는 점이다. 여기서 언급하고자 하는 훌륭한 학자는 마르샬 게루(Gueroult)인데 그는 많은 자료들이 모여진, 스피노자에 관한 두 개의 표준적인 책들을 써냈다. 네스와 마찬가지로 게루에게도 스피노자는 단지 역사적으로

---

10) 다음과 같은 목록을 참고 해야만 한다. Préposiet, J., Bibliographies Spinoziste, Paris 1973 and Wetlesen J., A Spinoza Bibliography, particularly on the Period 1940-1967, Oslo 1968 (reprint 1971). 1970년부터 현재까지의 새로운 도서목록은 완전히 H. Siebrand, C, Westerveen and Th. van der Werf의 것이다.

11) e.g. Naess, A., Freedom, Emotion and Self-subsistence을 참고하라. 스피노자 윤리학의 가장 중심이 면은 Oslo 1975; Wetlesen, J.을, 자유에 대한 스피노자 윤리학의 방법에 대해서는 The Sage and the Way Spinoza's Ethics of Freedom, Assen 1979; Floistad, G., 윤리학에 대한 이성의 문제는 The Problem of Understand ing in Spinoza Ethics, London 1977.

중요한 인물이 아니라 동시대의 중요한 토론 상대였다.[12]

마찬가지로, 구조주의의 마르크스주의자들에게도 스피노자의 철학은 중요하다. 나는 그중에서도 특히 루이 알튀세르(Althusser)와 그의 학파를 염두 해 두고 있다. 알튀세르는 주로 스피노자의 종교와 관념론에 대한 비판으로부터 영감을 얻었고 그의 접근에 대해서 한 가지 결점이 있다는 것을 말하자면 바로 그가 역사적인 스피노자에 대해서 자주 무례한 짓을 했다는 점이다. 하지만 내가 제대로만 보고 있다면 이 결점은 더 이상 그의 제자들에게 유효하지 않다는 것이다. 명백하게 그들은 충실히 복원시키고자 했던 역사적인 스피노자에서 시작을 했지만 오히려 많은 부분에서 그를 비난하였다. 물론 그들에게는 그렇게 할 권리가 있었다. 프랑스에서도 마찬가지로 유대인과 Marrane의 배경을 가진 스피노자와 네덜란드에서의 스피노자의 역사적인 뿌리에 대해서 관심을 보였는데 아주 유명한 *Meinsma*란 책이 많은 자료를 참고로 해서 프랑스어 번역본으로 나올 것인데 이 책은 우리의 시간과 나란히 병행될 것이다.[13]

마찬가지로 이탈리아에서도 스피노자에 관한 지대한 관심이 있다. 여기에서는 특별히 광범위하게 사용되는 스피노자의 사전을 편찬한 Emilia Giancotti Boscherini가 언급되어야 할 것이다.[14] 또한 마찬가

---

12) Gueroult, M., Spinoza, Dieu (Ethique-1), Paris 1968 idem, Spinoza, L'Ame (Ethi-que, 2), Paris 1974.

13) Cp. Moreau, P. F., Spinoza, Paris 1075; Zac, S., Signification et valeur de l'inerprétation de l'écriture chez Spinoza, Paris 1965; Matherson, A., Individu et commu nauté chez Spinoza, Paris 1969; idem. Le Christ et le Salut des ignorants chez Spinoza, Paris 1971; Mechoulan, H., Le sang de l'autre ou l'honneur de Dieu, Paris 1979.

지로 우리는 Korte Verhandelig의 훌륭한 개정판을 만듦으로써 Korte Geschriften 에 기여한 Mignini의 작업에 대해 존경을 표시해야 하는데 그 이유는 게바트의 원문이 썩 믿음직스럽지 못하기 때문이다.[15]

스페인어 사용 국가들 가운데서는 특히 라틴 아메리카의 관심이 가장 높다. 여기서는 유태인 박물관인 부에노스 아이레스가 언급되어야 할 것이다.[16]

영어권 국가들의 스피노자에 대한 관심은 항상 대륙의 나라들보다 낮았는데, 하지만 이곳에도 스피노자의 모임의 추종자들과 친구들이 있다. 스코틀랜드에서는 Wernham이 스피노자의 정치적인 이론분야에서 중요한 연구를 했다.[17] 미국의 위스콘신에서는 Lee Rice가 스피노자 연구의 일종에 학파와도 같은 것을 발전시켰다.[18] 또한 컬리 (Curley)의 번역은 이제 준비가 됐으며 적어도 우리가 희망하기는 아마도 내년부터 인쇄에 들어갈 것이란 것이다!

여기서 나는 잠시 동안만이라도 우리의 관심을 일본으로 돌려야만

---

14) Giancotti Boscherini, E., Lexicon Spinozanum, The Hague 1970, 2 vol.

15) Spinoza, Korte Geschriften bezorgd door F. Akketman, H. G. Hubbeling, F, Mirgnini, M. J. Petrt, N, and G. van Suchtelen, Amsterdam 1982 (Migini's contribution may be found on pp. 221-436). Further: Negri, A., L'anomalia selvaggia, Milan 1981.

16) Museo Judio de Buenos Aires, Homenaje a Barunch Spinoza, con motivo del tricentenario de su muerte, Buenos Aires 1976.

17) Spinoza, B. de, Political Works. The Tractatus Theologico-Politcus in part and the Tractatus Politicus in full, edited and translated with an Introduction and Notes by A. G. Wernham, Oxford 1958.

18) Uyl, D. den, a disciple of Rice, wrote a study published in the series Philosophia Spinozae Perennis (Assen): State, Power and Freedom. An Introduction to the Political Philosophy of Spinoza, Assen 1983.

할 것 같다. 동경 대학의 Reiko Shimiz는 스피노자의 파문과 그것이 그의 철학에 끼친 영향에 관한 책을 써냈고 나는 그녀의 책을 암스테르담에서 받았는데 그것을 위해 두 시간 반 동안이나 기차를 타고 Groningen까지 가야만 했다. 나는 여행의 막바지에 이르러서야 첫 표지에 있는 '스피노자'라는 이름을 겨우 해독해 낼 수 있었는데 하나의 단어를 위해 두 시간 반이라는 시간은 나의 연구에 충분한 보상이 될 수가 없었다. 그러나 다행스럽게도 그녀는 영어로 된 그녀의 요약본을 노르웨이의 Inquiry란 학술지의 제출을 했다. 파문의 효과와 스피노자에게 끼칠 흥미로운 심리학적 분석을 다룬 그 요약본은 예를 들어서 스피노자의 동료들과의 연락을 위한 스피노자의 지속적인 추구와도 같은 내용을 담고 있다.[19]

네덜란드에서 'Het Spinozahuis' 협회는 회원들에게 스피노자의 추종자가 되어야 하는 강요를 하지 않으면서 지속적으로 스피노자 대한 연구를 계속해 왔다. 현재 우리의 사회가 이렇듯 스피노자의 번영을 추구하는 것을 보면 유쾌하다. 1년에 한 번씩 하나는 두개의 강의가 포함된 회의가 있는데 그 강의의 내용들은 인쇄되어서 회원들에게 나누어진다. 이 'Mededelingen vanwege het Spinoahuis'란 간행물은 1934년도에 시작되었는데 해외에서 자주 초대되는 학자들 때문에라도 이 강의는 전 세계적으로 스피노자의 연구에 대한 훌륭한 개관이 되었다. 또한 이 협회는 스피노자의 작업을 네덜란드어 번역본으로 출판하는 작업에 박차를 가하고 있다. 많은 학자들이 이 작업에

---

19) Shimizu, Reiko (Aoyama Gakulin University, Tokyo), "Excommunication and the Philosophy of Spinoza" (Inquiry, 23, pp.327-348).

참여를 했고 특히 훌륭한 라틴어 번역자인 아켈만(Akkerman)도 포함이 되어 있는데 그는 스피노자의 작업에 관계된 라틴어와 사설(editorial)의 문제점을 다룬 논문도 써냈다.[20]

마지막으로, 끝맺음하는 논평이 금주의 심포지엄으로 장식될 것이다. 1960년대 스피노자의 관심의 부흥이 일어나기 전, 스피노자의 많은 연구조사들은 역사적인 것에 국한되었었다. 1960년대부터는, 새로운 접근 방식이 시작되었고 스피노자에 대한 근대적인 재건은 그의 철학을 우리 시대의 흥미로운 토론거리로 만들었다. 우리는 심지어 스피노자가 데카르트의 철학에 대한 해설의 예를 그 스스로가 만들었다고 언급할 수 있다.[21] 그는 데카르트의 의도에 최대한 충실해지려고 노력했고 그는 오히려 그의 논쟁을 발전시켰고 그리고 그의 이론체계를 더 고상하게 만들어 갔다. 이것 또한 근대적인 방법인데 스피노자의 논쟁에 대한 분석 그리고 그의 개념 그리고 그의 체계에 대한 구조등과 같은 부분에서 차이가 있을 수 있다.

이러한 관점에서 볼 때, 우리의 사회가 다시금 역사적인 방법에 대해 중요성을 두고 있다는 점이 흥미롭다. 그 이유는 많은 작업들이 아직도 남아 있다는 것을 발견했기 때문이다. 역사에 대한 새로운 관심은 우리 사회의 많은 주제의 논문에서 분명히 드러나 있다.[22]

---

20) Akkerman, F., Studies in the Posthumous Works of Spinoza. On Style, Earliest Transltaions and Reception, Earliest and Modern Edition of some Texts, Diss. Groningen 1980.

21) Cp. The introduction to Spinoza's Korte Geschrifen, mentioned sub note 15, p.1, ff also: Hubbeling, H. G., "Spinoza comme précurseur du reconstructivisme logique dans son livre sur Descartes" in Studia Leibnitiana, Band XII/1 (1980), pp.88-95.

다가오는 심포지엄의 강의들에서도 또한 명백히 드러나는데 물론, 체계적인 주제 또한 다루어질 것이다. 우리의 심포지엄에 많은 학자들은 스피노자의 사고와 오늘날의 문제점에 대한 관계성을 강조하는데 이것은 여전히 역사적인 부분에서 많은 작업들이 이루어져야하는 사실에서 벗어나 있지는 않다. 스피노자의 시대에 그의 철학은 다른 학자들보다 훨씬 더 널리 보급되었고 또한 더 많이 읽혔던 것 같다. 그리고 이것을 연구하는 것이 우리의 의무다. 게다가, 근대 수용의 이론들은 문학적인 작업을 해석하는데 있어서 먼저의 개념이 얼마나 중요한지를 보여주고 있다. 그러나 스피노자의 철학인 단지 과거에만 국한되는 것이 아니라 오늘날의 시대에도 관계가 있다는 것을 아는 것은 스피노자 연구의 체계적인 분야와 역사적인 분야에 종사하고 있는 학자들에게 고무적인 일이다.

---

22) To give a selection: Vandenbossche, H., Adr. Koerbagh en Spinoza, Mededelingen vanwege Het Spinozahuis, 39; Petry, M. J., Nieuwentijt's criticism of Spinoza, ibidem, 40; Blom, H.W.,Spinoza en De la Court, ibidem, 42; Meininger, J. V. / G. van Suchtelen, Liever met wercken, als met woorden. De levensreis van doctor Franciscus van den Ende, leetmeester van Spinoza, complotteur tegen Lodewijk de Veertiende, Weesp 1980.

II

스피노자의 영향과
현대적 수용

"스피노자의 철학"을 연구하는 것은 스피노자의 사유 자체에 대해서 하는 것처럼 그에 대해 스피노자를 지지하거나 반대하는 두 가지의 움직임에 대한 해설을 우리에게 설명해 준다. 다른 많은 철학들보다 스피노자의 철학은 시대의 사고의 흐름에 대해 사고의 그릇된 이미지를 비추는 거울과도 같은 역할을 했다. 스피노자의 첫 번째 수용은 논쟁이 진행되고 있는 도중에 완성이 됐는데 그것의 영향에 대한 양상은 항상 이러한 논쟁으로부터 피해를 입었었다. 그래서 항상, 오용과 오해의 축적으로 덮혀 있는 스피노자의 철학의 회복을 위해서는 이 영역에 대한 관념들에 대한 경향, 그리고 지배적인 생각들과 피지배적인 생각들의 서로에 대한 논쟁을 분석하는 것이 효과적이다. 이러한 방식으로 우리는 칼빈주의와 데카르트주의, 계몽주의, 그리고 다른 많은 운동들, 그리고 그것들 속에 들어나 있는 부정과 모순들을 볼 수 있을 것이다.

1. 17세기

그가 죽은 뒤 한 세기 반 동안 스피노자의 모습으로 여겨졌던 첫 번째는 그가 무신론자이거나 신을 공경하지 않는 불경스러운 사람이라는 것이었다. 레오 벡(Leo Bäck, 1987), P. Verniere(1954), 그리고 슈로더(W. Schroder, 1987)가 이러한 인상의 형성에 대해서 연구를 했다. 많은 시간동안, 스피노자는 무엇보다도 우선 논박을 위해 토론되었고 심지어는, 그러한 의도를 꼭 가지고서만 그를 읽어야 한다고 주장되기까지도 했다.[1] 다른 한쪽으로는, 스피노자가 만일, 긍정적인 관심을 자각했더라면, 그는 공식종교에 대해 비평의 시각을 미리 가지고 있는 사상가들과 함께 했었을 것이다. 그러나 그리스 정교와 자유사상가들 양쪽은 스피노자를 무신론자이거나 신을 공경하지 않는 불손한 사람으로 여기는 데 동의를 했다.

신학 정치론에 대한 비평
(The Critique of the Theological -Political Treatise)

1670년에 출판된 『신학-정치론』은 전광석화와도 같은 영향을 끼쳤다. 첫 번째 대중적인 공격은 라이프니츠의 선생인 토마시우스(Thomasius)로부터 받았는데 모든 교역자, 대학관계자들, 그리고 연합

---

1) "만약 누군가가 그것들을 논박하는 것을 원하지 않고 누군가가 그것들에 대한 재능을 충분히 가지고 있지 않다면 그러한 책들을 읽지 않는 것은 자연권에 속한다. Arnauld, quoted in Verniere 1954: I, 116.

된 주의 피난처에 있었던 독일, 네덜란드, 그리고 심지어 프랑스 위그노 노인들까지도 스피노자의 작업을 비난했다. 성경에 대한 공식적인 확실성의 의문성이 제기된 것이 이번이 첫 번째가 아니다. 발라(Lorenzo Valla), 에라스무스(Elasmus) 그리고 삼무르(Saumur) 학파의 프로테스탄 성경해석학자들은 종교적인 문서(Sacred Text)를 철학적인 논문과 결합이 정치적인 의제와 합쳐진 것 또한 첫 번째 시도가 아니라 토마스 홉스가 『레비아탄』(*Leviathan*) 세 번째 부분에서 이미 시도를 했었다. 그러나 그의 첫 번째 시도는 급진적이며 과격한 부분이 있을 수 있다. 미신과 기적의 대한 비평은 더 일치하는 쪽으로 바뀌었는데, 그리고 예언과 상상의 관계는 전체적인 것을 엄격하고 엄밀한 인류학의 바탕을 두는데 논쟁적인 차원에 대한 대부분의 반응들은 이것으로부터 생겨났다.

그렇다면 그러한 인상을 준 『신학-정치론』은 도대체 무엇이었는가? 한쪽으로는, 스스로가 종교를 선택할 수 있는 권리(이해하기로는, 선택하지 않을 권리)를 준 양심의 자유를 준 것에 대한 변명이 있었는데 비평가들은 그것이, 특별히 만약 개인이 그것을 선과 악의 상대성으로 더해버린다면, 무정부 상태로 이끌 것이라고 주장했다. 다른 한쪽으로는, 성경에 대한 비평이 있었는데 그중에서도 특별히 모세오경(Pentateuch)의 비-모세(Non-Mosaic) 기원에 대한 증명(『신학-정치론』에서는 한 장 밖에 다루지 않지만)과 전통적인 성서의 해석을 방해하고 변증자들의 열광을 해방시킨 히브리 모음 점의 후기의 성격이다. 그렇다면 그 이유는 무엇일까? 그것은 바로 스피노자의 시대가 성서들의 권위와 계시의 연속성을 깨는 것을 거절하는 것에 대한 그러므로 그들의 주장을 성서로부터 합법성으로 철수시키는 것에 대한 진정성에 근거하고 있다. 게다가, 인원이 많고 첫 번째 비평의 가운데 있었던 프로테스탄과 함께 성경적인 문서들의 지속성은 그들의 교회를 지지해주기 위한 "오직 성서"의 원리의 한 조건이다. 그러나 우리는 그들의 어려움을 이해하기 위해 더 깊게 들어가야만 한다. 칼빈주의자들은 우상숭배와 미신에 관계된 비판을 가장 강조한 성경적인 지식을 발전시켰는데 스피노자는 불변의 자연법칙을 강조하면서 그들의 주장을 허용될 수 있는 범위 넘어서까지 몰아붙였던 것으로 보인다. 그들은 구약성서와 신약성서의 연속성을 히브리 사람들로 하여금 정치학에 대해서 생각할 수도 있을 만큼의 부분까지 주장했는데 스피노자는 이 연속성을 추정했지만 그리스도의 신성과, 대칭적으로, 오늘날의 모세의 율법의 유효성 대해 거부했다.

시몬(Richard Simon, 1687)이나 클레릭(Jean Le Clerc)과 같은 사람들의 스피노자에 대한 비평은 방법에 대한 질문과 관련이 있다. 스피노자는 그들의 결정론 이후 신성한 문서들이 변경되는 각주에 대해 논쟁을 할지라도, 시몬은 전통적인 해석보다는 더 복잡한 방법에 의해서 그들의 권위를 보증하는 것을 수용하는 그들의 나중의 역사의 책임을 떠맡았다. 다른 한편으로는, 스피노자의 가장 으뜸가는 목적인 문서의 첫 구성과 관해 말하자면, 그는 "영감을 받은 필사자"의 이론에 의해서 적게 비용을 지불하고 그것을 구했다. 그것은 고전적인 영감의 이론을 보존하는 하지만 그것이 이치에 닿지 않는 관점에 대해 수정을 한다. 하지만 보쉬에(Bossuet)는 그의 『우주의 역사의 과정』(Discours sur l'Histoire Universelle)에서 비록 그가 스피노자를 부르지 않았을지라도, 스피노자의 승리는 성서 내에서 왜곡의 실존을 허용하도록 강요받았다(그들의 중요성을 부정하기 위해서). 그러므로 심지어 정통적 신앙은 특수한 관점을 재취급하는 등록을 강요받았다. 거기서 그것은 그것의 정통성과 합법성을 분명히 표현한다.

실체의 단일성(The Unity of Substance)

두 번째로 논쟁의 여지가 있는 주제는 형이상학을 다루고 있는데 그 중에서도 특히 실체와 결정론의 일치에 중점을 두고 있고 그것은 벨(Pierre Bayle)과 라이프니츠 두 가지의 형태로 설명될 수 있다. 벨은 『역사적·비평적 사전』(Dictionnaire historique et critique, Bayle 1697)이란 논문을 스피노자에게 바쳤고 많은 독자들은 『사후의 저작』(Opera Posthuma)보다 접근이 쉬운 이 요약을 읽고 스피노자 철학에 대해 알게 됐다. 여기서 벨은 스피노자의 인생의 eloge를 제시했는데 그는 스피노자에게 있어서 덕망이 높은 무신론자의 표본이었다(벨에게 있어서 무신론은 칼빈주의의 주제를 극한으로 끌어올리면서 더 이상 우상숭배보다 위험하지 않았다). 그러나 그는 능산적 자연과 소산적 자연사이를 구별하지 않으면서 그리고 양태와 개체의 관계성을 기계적인 일체성으로 여기면서 그 교리를 풍자적으로 묘사했다. 그러므로 스피노자의 철학은 신과 세계의 거대한 융합으로, 그럼으로써 세계의 모순을 이해할 수 없게 되는 것처럼 보인다. 그럼에도 여전히, 수용성의 한계는 벨의 특수한 칼빈주의에 의해서 제공되는데 그것은 하나의 개체가 초월성을 억압하는, 사고와 교의의 제한이 없이 그 스스로에게 초과된 모순의 이유를 보여준다. 논리적으로, 그러한 패러다임의 역할은 어느 특정한 시대의 틀을 뛰어넘어야만 하고, 이성이 그것 자체로 활동하는 것처럼 보이는 곳에서 그것 자체를 명확하게 해야만 한다. 그리고 사실, 벨은 각각의 논쟁의 끝에서 다시 기상할 준비를 하며 범-스피노자 철학과도 같은 것을 소크라테스 이전의 철학자들과, 동양철학 그리고 아베로에스주의자들 안에서 발견한다. 보편적인 개념의 범주로서의 스피노자 철학의 변화는 학파를 만들 것인데 우리는 그것을 헤겔과 쿠쟁(Victor Cousin)과 함께 재발견해 볼 것이다.

헤이그의 철학자에게 매혹된 라이프니츠는 그와 소식을 주고 받았고 그를 만났으며 그리고 그들의 공통의 친구인 치른하우스(Tschirnhaus)의 중계를 통해 그를 더 알려고 노력했다. 하지만 이렇다고 해서 그가 스피노자를 비판하는 것이 그에게 도움이 될 때는 언제든지 했던 것을 멈추었다는 이야기는 아닌데 특히, 그가 보여준 데카르트주의 안에서의 스피노자 철학의 뿌리를 다룬 데카르트주의들과의 논쟁에서는 더욱 그렇다. 그러나 그의 형이상학의 핵심은 가끔씩 『윤리학』과의 대화만을 논제로 삼는 것처럼 보이거나, 아니면 더 정확하게 말해서, 스피노자가 데카르트 철학으로부터 집중했던 물음에 자진하여 응답하는 것을 논제로 삼는 것으로 보인다. 단자는 정말로 한 개체의 지속성을 그것을 다수화하면서 물려받는 것처럼 보인다. 이전에 확립된 조화의 이론은 데카르트 주의(즉, 정신과 육체의 관계)의 어려움을 해결하려고 했고 이에 대해서 스피노자는 사고와 연장의 심신병행론으로 응수했다. 『신정론』(Theodicy)의 결정론에서는 자연의 법칙의 생각에 마구를 채우고, 강제되는 것처럼 마음에 품어진 필연

성의 일반 개념 법칙을 이해하지 않은 채 결정론에 역할을 주게 보인 다.[2]

스피노자의 모임(The Spinozist Circles)

그러나 스피노자에게 단지 비방자들만 있었던 것이 아니다. 몇몇 스피노자의 모임이 있었는데 그의 삶 동안에 그의 친밀한 친구들이다. 그 일원들은 두 가지 부류로 분류될 수 있다. ① 첫 번째는 치른하우스와 같은 석학자인데 그의 『정신의학』(*Medicina mentis*, 치른하우스, 1686: 1980년 치른하우스에 의해서 프랑스어판인 *Medecine de l'esprit*으로 번역됨)은 모든 점에서 데카르트주의자들과 라이프니츠주의자들의 방법론을 가진 『지성개선론』(*Treatise on the Emendation of the Intellect*)의 종합이다. ② 두 번째는 메이어(Meyer)와 발링(Balling) 그리고 나중에서의 Van Harttem과 린 호프(Leenhof)와도 같은 두 번째 개혁의 기독교인들이다. 이러한 스피노자 모임은 *two romans a clef, The Life of Philosopher*과 17세기 말에 네덜란드 지적 분위기의 학설에 관한 토론을 설명하는 *The Contiuation of the Life of Philospher*(Duijkerious, 1991)에서 훌륭하게 증명이 된다. 저자와도 같은 영웅은 그리스 정교 칼빈주의자에서 Voetians, Cocceians, 그리고 데카르트주의 토론 한가운데서의 확신을 가진 스피노자 주의자로 되어져 간다. 책의 저자는 수감되었다.

---

[2] "우리는 항상 더하는 경향이 있고 결과적으로 또 다른 것보다 한 면에 더 결정된다. 하지만 결코 우리는 우리가 선택하는 것과 관련해서 필연적이지 않다." (Théodicée II, section 132)

대부분의 관용적인 나라들에서는 이것이 우연적인 것이 아닌 것이, 지적 문제에 관계된 드문 비난들 중에서 두 가지가 스피노자주의자들에게 겨냥이 되었다.3)

이 모든 것이 또한 보여주는 것은, 스피노자주의자가 되는 것은 우연적인 것이 아니라, 오히려 종종, 스피노자 철학은 특정한 비정통적인 데카르트학파 기반에서 떠나는 것의 결과이다. 여기서 스피노자 철학을 논박하기 위해, 스피노자 철학을 그들로부터 구분하기 위해서 데카르트학파의 모임으로부터 얻어진 보호가 일어난다.4) 또한 이것으로부터 데카르트학파의 반증이 불충분하고, 덮여져있는 변증론보다 더 나을게 없다는 것을 보여주기 위해 그리스 정교 사람들의 반증에 대한 반증이 일어난다. 그럼으로써, 데카르트가 스피노자 철학의 건설자인지 아니면 파괴자인지에 대한 논쟁이 일어난다. 요컨대, 여기서 말하고 있는 스피노자의 수용성은 입증이 되는 동시에 그 시대와 칼빈주의와 관계된 몇몇 개신교 국가들에서의 철학적 원리의 붕괴 요소이다. 사실, 낮은 나라들과 몇몇의 독일 대학들에서는 "데카르트학파의 스콜라주의"가 개혁신학에 의해서 빠르게 채택되었고 스피노자 철학에 대한 첫 번째 토론들이 녹아들어간 것이 바로 이 연맹이었다. 그들은 사실상 합리적으로 "나는 생각한다."의 형이상학을 통한 계시종교의 정당화를 시도했는데 이것은 초월적인 신의 발견과 "무로부의"의 발견을 설립했다. 하지만, 이것은 스피노자가

---

3) 나머지는 Adriaan Koerbagh의 것이다. 이 책의 제1장에서 더 길게 논의된다.
4) 예를 들면 위티치우스와 함께하는 경우이다.

데카르트학파들에게 준 단일한 실체, 내재한 신, 그리고 인간의식을 초월한 신의 속성으로서의 사유와 같은 사고의 힘5)이라 여겨진 생각의 발전과 정면으로 대응한다.

2. 18세기

18세기 초에 스피노자의 생각은 직접적으로 잘 알려지지는 않았지만, 물론, 『사후 저작들』과 『신학정치론』은 많은 도서관에서 찾을 수 있었고 또 몇몇 반박하는 저자들은 그것을 알고 종종 인용을 하곤 했다. 그러나, 더 자주, Paul Verniere가 그의 고전적인 작업인 *Spinoza et la Pensee francaise avant la Revolution*(Verniere, 1954)에서 보여준 바와 같이, 또한 벨의 논문인 『역사적 · 비평적 사전』(Bayle 1697; cf Bayle 1984), 불랭빌리에(Boulainvilliers)의 문서, 프랑스 번역판인 『신학정치론』(*La Clef du Santuaire*. [Spinoza], 1678), 그리고 마지막으로 반박과 적용들을 통해서 스피노자의 생각들은 간접적으로 알려졌다. 이 간접적인 특징은 스피노자 철학의 지식뿐만이 아니라 그것이 이해력과 사용에 대해 관심을 갖고 스피노자 체계의 훌륭한 논제들은 변환이 되었으며 그리고 몇몇 다른 방법으로 사용되었다. 누군가가 지하서적을 읽든, 훌륭한 계몽적인 저자들의 책을 읽든지, 스피노자 철학은 모든 곳에서 존재했는데, 동시에, 엄격하게 말하자면, (변명자들을 위한

---

5)   Schmidt-Biggemann 1992 and Scribano 1988을 참조.

편리한 환영들을 제외하고는) 스피노자주의자란 존재하지 않았고, 단지 스피노자를 이용하는 사상가들만 있었을 뿐이다. 자연적으로 그들은 얼마간의 창의력과 양식 그리고 깊이를 가지고 그렇게 할 수 있었던 것이다.

범신론과 카발라철학(Pantheism and Cabbalism)

대단한 조망과 함께 두개의 새로운 해석이 18세기 초에 태어났다. 로크의 첫 번째 제자였던 톨런드(Toland)는 신이 자연 전체와 동일하다는 이론을 언급하기 위해서 "범신론"이라는 용어를 만들어냈다. 그에 따르면, 그것은 스피노자와 모세의 생각이었으며 모든 계시종교의 공통된 기반이다. 그때부터 스피노자의 이론은 "범신론"이라 불리워지게 되었으며 그리고 대부분 위선의 증거로서 보여졌다. 신은 모든 곳에 있기에 아무 곳에도 존속해 있지 않는다.

왈쩌(Wachter)는 두 개의 교리가 세상을 우상숭배한다는 이유로 비난하면서 스피노자주의를 카발라 철학의 틀 안에서 이해했다 (Wachter, 1699).[6] 그렇게 함으로써 그는 논쟁 속에서 흩어져버린 반유대주의의 남용들보다 더 진지하고, 마이모니데스(Maimouides)와의 고전적인 비교보다 더 원론적인 스피노자와 유대전통과의 연결고리를 보여준다. 이러한 관념은 스피노자가 경멸하는 용어를 사용했던 카발라를 언급한 것과 대조를 이룬다. 하지만 이것이 왈쩌의 생각을

---

6)   Wachter는 1706년에 스피노자에 대한 더 호감적인 견해를 제공했다.

무효화시키지는 않는데 암스테르담의 유대문화의 유산에서는 다른 형태의 중세 아리스토텔레스주의를 찾지 못한다는 점을 기억하는 것이 중요하다. 우리는 이러한 것들을 거의 2세기가 지나 또 다시 나타나는 것을 읽을 것이다. 쿠쟁이 플랑크와 뭉크에 의해서 거절된 물질을 사용할 것이다. 이것은 가치 있는 분석적인 설명자들의 발견 없이 규칙적인 간격으로 다시 나타날 것이다.

지하세계의 호전적인 문학(The Underground Militant Literature)

18세기의 처음 반세기동안에 전체적인 저술, 문학이 나타났는데 그것은 계시종교에 대해서 그리고 가끔씩은 모든 종교에 대항하여 트집을 잡았다. 지하세계에서 널리 보급된 이 경향은 *Traite des Trois Imposteurs*(Charles-Daubert, 1994)에서 잘 설명되었다. 이 작업에서는 세 개의 대단한 일신교가 사실 세 개의 정치적인 사기라는 사실의 고전적인 생각이 다수의 스피노자의 문서와 함께 반 기독교적 정신을 강조하는 것을 분별력 있게 편집하였다. 이것은 또한 Nicolas Freret(Freret 1986, 주목할 만한 판)의 영향을 받은 *Lettre de Thrasybule a Leucippe*에서도 설명되어 있는데, 이것은 지하문학의 고전적인 문서이며 의심할 여지없이 1722년에 저술되었다. 스피노자철학의 수용의 역사로서는 나중에 것이 더 흥미로운데, 그 이유는 바로 스피노자 철학이 더 녹아들어있고 또 그럼으로써 이것은 체계의 직접 영향으로부터 분리된 존재를 증명함에 있어 더 낫다. 로마제국 시대 때, 이 편지의 저자는 매우 헌신적인 친구에게 쓰고 있던 것으로 추정되는

데 그는 그의 친구에게 서로 닮아있는 여러 개의 종교와 그 의식들과 그리고 그것들이 왜 진실된 자연과 우리들의 이해로부터 벗어난 이유를 설명한다. 누군가가, 세 개의 중요한 스피노자적인 주제를 그 안에서 발견한다.

① 미신과의 투쟁

그들은 그들이 주장하는 생각을 설명하거나 심지어 발전시키려고 할 때, 아무것도 동의하지 않은 채 끊임없이 다른 의견을 내세우며 서로의 실수를 비난하고 불합리에 불합리를 축적시키는 것밖에는 하지 않는다……. 사람들은 이런 정신착란에 포위되는데 …… 그들은 다른 이들로 하여금 이 존재하지 않는 물체를 보게 하기위해 강요하며 그들 자신의 행위에 따르고 그들이 그들을 소개한 범형들을 따르기 위해서 속박시킨다(Freret, 1986: 252-3).

여기서 중요한 것은 모든 문학에 공통점인 종교들에 대해서 제시된 불합리와 박해의 고발이 아니라(적어도 극단적인 형태에서는), 오히려 더 주목할 만한 것은, 종교적인 황홀에 본질 그리고 신학적인 미움의 근원으로서 그리고 다른 것으로 하여금 자신에게 따르도록 하는 폭력의 설명으로서 관념의 다양성의 지시이다. 여기서 우리는 다른 출처보다 『신학정치론』의 서문에 더 가까워졌다. 하지만, 스피노자는 인간의 본성의 일반개념 법칙의 적용으로써 이 논제를 발전시킨다. 그 자신의 지성[7])에 따라서 다른 사람들이 살아가기를 원하는 모든

---

7) Moreau 1994을 보라.

사람(철학자를 포함시킨)의 경향이 보편화는 편지에서 빠져있다.

② 비평적 성서 읽기

기독교인들이 말하기를 그들 분파의 저자는 단순한 사람이 아니었는데 그는, 비록 그의 삶을 아픔 안에 잊어버렸지만, 그 스스로 육신을 가진 신이었다. 그들은 이집트인들이 Osiris의 참혹한 죽음보다더 이상 당황해하지 않았다. 그들은 그를 따르는 기적들이 얼마나 많은지 알지 못하는 나에 의해서 그의 신성의 확실한 영예라고 주장한다. 그들에 따르면, 그들의 주장은 그의 증인들이 있었다는 것이다. 심지어 그들은 그들에 대해서 말하는 단 한사람이라고 말한다.

스피노자의 방법론적인 예방책으로부터 직접적으로 빌려온 것처럼 보이는, 프레레(Freret)가 체계화시킨 구약에 대한 이해의 규칙을 우리는 반드시 주목해야만 한다. "직접적이거나 감각적인 원인들에 또는 그가 사용한 육체의 수단에 주의하지 않고 모든 사건들을 말할 수 있는 것은 오로지 신 밖에 없다."

③ 종교들의 비교

친애하는 류키푸스여, 사람들 가운데서 알고 있는 본질적으로 다른 종교적인 분파들이 여기에 있다. 다른 모든 것들은 단지 모방에 지나지 않으며, 그것들은 대부분 반대파 체계의 회중에 의해 갈라진 의견들로부터 형성되었다.(Freret, 1986: 281)

이 동일한 주제는 종교들이 그들의 지지자들을 설득하고 보존하는 수단들에 적용된다.

나는 당신에게 벌써 여러 차례 이야기를 했다. 이러한 모든 종교들은 그 안에서 사실이 무엇인지 증명하기 위해 같은 증거를 이용한다. 나는 모든 면에서 사실적인 것이 어느 개인의 피를 봉인하기에 준비가 되어있다고 하는 교리를 위한 같은 설득, 같은 열중, 같은 헌신을 본다.(Freret 1986: 316)

이런 분석들은 어디에서 나왔을까? 부분적으로는 스피노자와, 일부는 홉스에게서 또한, 마지막으로 일부가 Freret의 객관적인 비교 종교학이 발전됨에 따라 그 학식이 과장되었던 자유사상의 전통에서 비롯되었다. 고대인들에게서 빌려온 상당수의 관찰물 혹은 르네상스 시대의 발견 레파토리 가운데 폐쇄된 서클 안에서의 반복에 기초를 두고 있는 17세기의 자유사상과의 차이를 누구든 감지할 수 있다. 반면에, 여기서 그 비교는 돌고 도는 동양주의의 기여에 영향을 받으면서도, 원칙을 구성하는 객관적인 과정의 보완 및 지지를 받는다. 의심할 여지없이, 프레레는 『신학정치론』의 전통을 일부 물려받았으며 이러한 원칙을 통해 많은 지하세계의 필사본들이 그러하듯 반–성경적인 논쟁이라는 단순한 수준보다 높은 곳에 머물러 있을 수가 있었던 때문이다.

이제 우리는 이 두 가지 문제들 사이의 경계를 다뤄야 할 때가 되었다. 프레레는 종교적인 관행을 지지하는 심리학적 특징들을 취하였으나, 이들은 자체적으로 전혀 주제화되지 않았다. 『윤리학』에서의 인간 행동 이론 3, 4부는 각각 『신학정치론』을 강조하는 것인데, 이『신학정치론』은 의심할 여지없이 변형이 되었으며 (개별자에 대한 이론을 강조함으로써) 프레레의 저작에서 절대적으로 빠져있다. 그것은 인식이론으로 대체가 되었으며, 이는 로크에게서 많은 부분을 따왔고, 쾌락 이론과 연결되어 있다. 반면에 스피노자에서는, 『신학정치론』의 인간학이 극도로 복잡한데다 상상력에 대한 이론, 정념 및 개인적인 정체성을 전제로 하고 있는데, 이는 지하세계의 저작물 작가들은 거의 인지할 수조차 없는 것들이었다. 더욱이, 프레레를 살펴보면 스피노자와 확실하게 대조되는 특징까지 엿볼 수 있다. 즉, 유대 국가의 유효성에 관한 공격이다. 프레레는 실지로 유대인들이 법에 충실하면 할수록 그들의 운명이 스스로를 압도하고 말 것이라고 여겼다. "자신들의 신이 내린 긍정적인 약속에 따라, 이들은 신의 법에 충실할 때라야 행복하고 또 번영해야 한다. 이들은 바빌론 유수에서 풀려난 후로는 결코 행복해 본 적이 없었으며, 더 이상 불쾌할 수조차 없었다."(Freret, 1986년: 311) 이와 대조적으로, 스피노자는 유대 국가가 형태를 잘 잡았으며 (성직 계급인 레위 족의 조직만 제외하고는 그러했으나, 그렇게 느끼는데 시간이 꽤 걸렸다) 그것이 몇 세기 동안 유대인들에게 평화와 번영을 가져왔다고 여겼다.

요약하자면, 프레레의 서간은 스피노자의 인간학이 부재한 채로 남아있는데 반하여 반–신학적 정치학에 상당 부분을 할애하고 있으며, 거기에다가 『윤리학』의 첫 부분은 거의 언급조차 안 되고 있다.

이러한 점은 『신학정치론』이 반-미신적인 논쟁의 창고처럼 보이는 데 대하여 전형적으로 호전적인 태도이자, 정통성에 대한 논쟁의 되는 스피노자의 실체 이론을 버리는 것이라고 특징지을 수 있겠다.

*Traite des Trois Imposteurs, Lettre de Thrasybule*의 모든 문서와, 지하세계의 것이든 활자화된 것이든, 기타 많은 문서들은 여전히 익명의 스피노자주의를 대표하는 것이다(작가의 이름이 드러났다고 해도 역시 그렇다). 이들은 중요한 것은 조직적인 힘이 아니라, 오히려 반복적인 힘으로 (역설적이게도) 이러한 작자가 알려지지 않는 문서가 많다는 것 자체로써 스스로를 선으로 드러내는 저술 개념의 예로 간주된다. : 스피노자에서, 또한 홉스에서도 마찬가지이며, 고대 회의주의에서와 가상디(Gassendi)에서도 역시 마찬가지다. 다시 말하자면, 우리는 지금 편찬물의 미학 내지는 편찬물의 정치학을 다루고 있는 셈이다. 물론, 개별적인 작가의 독창성을 위한 자리 역시 마련되어 있는데, 이는 발명이라는 점에서가 아니라, 독특한 억양과 자료의 선택이라는 점에서 얻어지는 고유한 형태이다. 두 가지는 다르게 놓여진 도구로 동일한 결과를 만들어내진 않는다. *Traite des Trois Imposteurs*에는 혁명적인 액센트가 있으며 *Lettre de Thrasybule*는 성장하고 있는 비교종교학에 근거한 조정과 더욱 닮아있다. 스피노자주의가 (혹은 혼합적인 문서에서의 스피노자주의 차원이) 많은 것만큼이나 이러한 문서의 작가 역시 다양하게 존재한다. 하지만 이 모든 스피노자주의에는 친숙한 분위기가 있는데, 이는 거의 동일한 성분을 혼합하여 만들어졌다는 사실에서 비롯된다.

신-스피노자주의(Neo-Spinozism)

17세기는 생명 과학에 있어서 위대한 세기는 아니었다. 물론, 하비(Harvey)의 혈액순환과 같은 중요한 발견들이 이뤄졌지만, 이것은 생명 유지에 필요한 움직임들에 관해 의식이 발달해 가면서 허락되었을 기술적인 용어로 무척이나 쉽게 해석이 가능한 것이었다. 반면에, 형태와 운동에 관한 데카르트식의 강조는 모든 생명 현상을 그 연장까지 환원시키려는 의지를 불러 일으켰다. 의료-메커니즘이 지적인 측면의 선구자적 입장에 홀로 나섰던 것은 아니지만, 생명 과학에 있어서의 발견들은 데카르트 철학의 해석에 어떤 직접적인 영향도 끼치지 않았다.

이와 대조적으로, 스피노자주의자의 새로운 전통은 18세기에 발달하였는데, 특별히 후반기에 이르러, 한 가지 실체이론을 자연과학의 새로운 발달과 연결함으로써 그 의미가 회복되었다.[8] 디드로(Diderot)의 발달전개를 보면 좋은 예가 될 것이다.

①

디드로는 스피노자주의를 이신론 및 무신론과 대치시키면서 스피노자를 순전히 호전적으로 묘사하고 있다. *La promenade du scepique*(1747)에서, 그는 스피노자주의자와 다양한 철학적 입장을 대변하는 자들 사이의 대화를 구성하여, 결국에는 스피노자주의자가 필연

---

8) 여기서 우리는 본질적으로 Verniere의 결론을 따른다.(Verniére 1954: 555-611)

론과 신의 전능을 종합하여 가르침으로써 승리를 거두는 것으로 보인다.

그(즉, 이신론자)에 따르면, 사유하는 실재는 물질적인 실재 양상이 아니다. 물질적인 실재가 사유하는 실재의 영향에 의한 것이라고 믿을 만한 하등의 이유가 없다. 그러므로 이는 사유하는 실재와 물질적인 실재가 영원하고, 이 두 개의 실체가 우주를 구성하며 그 우주는 신이라는 주장이다.

당시에 그는 "당신은 나비와 곤충, 파리, 떨어지는 물방울, 및 모든 것의 분자를 신성시한다."라고 말하는 이신론자의 비평을 앞에 놓고 상대방이 중요하다고 여기는 것을 긍정함으로써 오히려 다음과 같은 전제 내용을 확인한다. "나는 아무것이나 신성시하지 않는다. 나는 이렇게 대답하겠다. 당신이 나를 조금이라도 이해한다면, 반면에 나는 억측과 거짓, 또 세상에서 만들어진 신들을 몰아내고자 애쓰고 있음을 알 것이다."(Diderot 1747 I, 233-4) 이것이 스피노자주의의 관심은 이러저러한 억측을 확인하는 것에 있기보다 역동적인 논쟁을 불러일으키자는 것에 있음을 표현하는 방식이다.

②

바꾸어 말하면 이는 대부분을 벨과 브럭커(Brucker)에게 빌려온 스피노자 체계에 관한 논문이 주어졌을 때 백과사전(1750~1765년경)에 수록된 디드로의 논평 속 주장을 엮은 것이라 할 수 있으며, 이는 의심의 여지없이 스피노자의 연구에 대한 직접적인 해석을 가정하지 않고 있다. 디드로의 논평은 백과사전의 수많은 철학 연구논문과 유사하며, 저자 본인의 주관적인 판단에 전적으로 의존하지 않는 정통 수사법을 내포하고 있다.

③

결국 디드로는 '신 스피노자주의'가 자연과학의 영향을 받아 부흥했을 때 감각적인 물질에 대한 학문 이론을 다루기 위해 공을 들였다. 이 같은 주장은 어떤 동물의 성장, 그리고 그 알의 발육이라는 두 가지 관찰을 기본으로 하고 있다. "우주와 인간, 그리고 동물에는 단지 하나의 실체만 있다."(Entretien entre d'Alembert et Diderot, Diderot d'Alembert, Diderot 1747: II, 139). 이 실체는 물질이지만, 살아있고, 역동적이며 영구적인 흐름 속의 물질이다. 우리는 삶을 위한 물질과 사상을 위한 삶의 필연성을 다루는 논의 속에서 우리 자신을 발견할 수 있다. 마치 극단적인 데카르트 학파와도 같은 물질의 역동적인 개념과 연장의 속성의 구조를 배제함을 통해 나타난 이 같은 스피노자 철학의 부흥은 이미 "세레나에게 보내는 톨렌드의 서한"(Toland's Letters to Serena)에서도 찾아볼 수 있었다. 이와 같은 맥락의 또 다른 예는 La Mettrie에서 찾아볼 수 있으며, 약간 다른 방향에서 이와 유사한 사상은 Maupertuis나 Benoit de Maillet의 Telliamed에서 찾을 수 있어, 이 사상은 이 시대의 진정한 특색이라 하겠다.

종합하면 이 같은 진화는 계몽주의의 전체적 흐름이 반종교적인 분류를 주장, 환원시키려 함에 따라 이로부터 스피노자 철학을 탈피시키고자 함을 나타내는 것이라 할 수 있다. 이는 또한 스피노자 철학의 학문 이론적 핵심을 힘과 생성의 이론으로 연구하고자 하는 노력을 입증하는 것이다. 원문의 활자나 그 수학적 구조는 그 결정론적 순차에 따라 버려 생태학의 또 다른 모델에 의해 갱신될 수 있도록 해야 한다.

범신론적 대립(The Pantheism Conflict, "Pantheismusstreit")

스피노자 철학은 일찌감치 원자론, 소키누스주의와 혼합되어 독일에 소개되었는데, 이는 신에 대한 숭배로 신이 이 세상을 영원한 입자로 창조했다는 인식이 확산되어 있을 때는 이단설로 받아들여지지 않았다. 이 같은 내용은 Stosch와 Lau[9]의 주장에서도 살펴볼 수 있으며, 이를 통해 철학이 단지 이단의 힘이 되기 위해 어떻게 체계적 통일성을 잃게 되는지 알 수 있다. 철학은 다른 점에서 반드시 그 힘을 잃는 것은 아니나 그 저자가 자기 자신을 인식할 때 견해의 일부를 잃게 된다. 그렇기 때문에 독일의 유물론자들은 스피노자 철학자들이 신에 대한 명상을 무엇보다 우선으로 생각한다는 사실을 알아채지 못하는 점에서 그들 정통교의 적대자와 공통점을 지닌다. 이는 18세기, 스피노자 철학을 매우 약하게, 혹은 상투적인 특징만을 받아들임과 동시에 회복하도록 하는 것보다 공격 또는 방어하는 것에 치중한 부분을 다루는 데에는 그다지 까다롭지 않다. 그리고 에델

---

9) 예를 들어 1992 Theodor Ludwig Lau 1992의 어구들을 인용해보자. "Deus Natura naturans: ego natura natura… Materia simplex: ego materia modificata. Oceanus: ego fluvius. Aqua: ego gutta…"(I, 4); "Est totum navis: Deus Nauclerus. Currus: Deus auriga. Horologium Deus aequilibrium inquies. Machina: Deus rota. Automaton: Deus loco-motiva" (II, 17).

만(Edelmann)은 성서에 대한 스피노자 철학자들의 해석을 지금까지의 결과물을 통틀어 가장 급진적인 방법으로 신학의 영역에 소개했으며 (Edelmann 1756), 이는 스피노자 철학자들에 대한 지속적인 박해의 시발점이 되었다.

그러나 스피노자 철학과의 대립은 성서 해석의 문제 이상의 것을 내포하고 있었는데, 이는 스피노자 철학을 완벽한 이단설로 다루었던 해당 세기 후반에 걸쳐 나타난 독일 성서 과학의 행보로부터 시작되었다.[10] '범신론적 대립'(Pantheismusstrit)은 레싱(Lessing) 사후부터 발생하였으며, 나중에 나타난 신앙에 따랐다. 그는 관용을 지켰으며 멘델스존(Mendelssohn)과 함께 레이마루스(Reimarus)의 *Fragments*를 펴냈다. 또한 그는 계몽주의, 전통적 비평의 최정점을 대표했으며, 관용을 만들고 이성 체계에 포함되도록 하는 미신을 정화해 계시종교를 조심스럽게 변호했는데, 이는 독실한 정통교인들의 심기를 불편하게 했으나 수많은 계몽 신자들을 다시 결속시키는 역할을 했다. 자코비(Jacobi)는 그의 연구(Jacobi, 1785)를 출간해 레싱이 본인은 스피노자 철학자였다고 말한 내용을 밝혔는데, 이는 그 변이 형태와 모든 계시 신학을 넘어선 세계 각 이론의 통합 이론, '스피노자 철학'을 의미하는 것이었다. 멘델스존은 이러한 대립 속에서 거의 모든 사람들이 내뱉는 이 같은 비난과 치욕에 분개해 친구의 기억을 보호하고자

---

10) 그러나 우리는 구약의 과학은 신학정치론의 접근 방식과 다르다는 것을 주의해야만 한다. 프랑스인 Astruc에 따르면, 그것은 문서들의 다수성을 회복하기 위해서 성경 각 권들을 분해한다. 반면에, 스피노자는 이러한 책들의 단일성을 보존하고 전체성으로서 그것들은 사리에 맞는다.

스피노자를 다시 읽게 되는데, 그의 이론을 재평가해 계몽주의의 단순한 개념에 의문점을 두었다. 이러한 대립은 해당 세기 초 데카르트 주의의 대립에서 나타난 형태와 유사한 방법으로 계몽주의를 멈추게 된다. 이때 자코비는 스피노자 철학을 극복하기 위해 "죽음을 향한 도약"(salto mortale)의 필요성이 대두된다는 이유만으로는 스피노자 철학이 배제될 수 없다고 말한다. 이는 독립적인 철학 사상을 확립하고자 하는 이들에게 스피노자 철학을 학문 이론으로 정당화하는 것이었다. 이때부터 스피노자 철학은 종교와 철학은 마음에 달려있으므로 계시종교에 있어 불경하거나 신성에 위배된다는 이유로 위험하게 비춰지지 않았다. 이 같은 사상은 낭만주의의 주된 개념이 되었으며 훗날 독일 이상주의의 큰 기틀이 되었다. 이때부터 스피노자의 전성기가 도래하게 된다.

권리와 정치(Right and Politics)

그러나 먼저 우리는 스피노자 철학자들의 유산 중 또 다른 중요한 부분을 염두해야 할 것이다. 그것은 바로 자연권과 국가(State)의 개념이다. 루소(Rousseau, 스피노자에 대해 거의 언급하지 않은)는 시민의 자유를 확립하고자 하는 개인의 총체적 소외화에 대한 개념에서 공통점을 지닌다.[11] 프랑스혁명 중 애비 시이에스(Abbe Sieyes)는 『정치론』(Political Treatise)에서[12] 직접 옮겨온 듯한 권력의 균형을 만들어냈다.

---

11)　Eckstein 1944 and Verniére 1954: 475-94을 보라.
12)　Pariset 1906 and Verniére 1954: 684-7을 보라.

우리는 19세기 초반에 나타난 이 같은 움직임에 주목할 필요가 있는데, 이 같은 경향이 바뀌고 스피노자의 정치적 갈망이 최근 20여 년간 주목을 받을 때까지 사람들의 관심은 스피노자의 정치 이론에서 점차 멀어졌다.[13]

3. 19세기

독일의 관념론(German Idealism)

낭만파들은 범신론적 대립으로부터 스피노자를 읽는 새로운 방법을 이끌어 냈는데, 그것은 무신론자의 전통적인 특징을 그것의 반대자: 즉 신에게 중독된 사람들(Novalis)을 위해 사라졌다는 것이다. 동시에, 그들은 하나님의 지성적인 사랑이라는 개념에 좀 더 접근하기 위해서 요한복음서의 로고스 개념을 가져왔다. 이러한 부분에서 괴테는 스피노자를 'Christianissimus'라고 정의한다. 따라서 지금부터 우리는 정통주의의 남용과 자유주의자들의 반기독교 논쟁으로부터 멀리 떨어져서 스피노자의 범신론적 철학은 형이상학적 지위를 얻었다고 볼 수 있다. 헤겔은 모든 철학자들에게 이러한 선택을 주었는데, 그것은 스피노자의 범신론이냐, 혹은 전혀 철학이 없느냐 하는 것이

---

13) 마지막 예외는 이탈리아의 역사적인 전통이다. 그것은 항상 스피노자의 정치학보다 더 많은 중요성에 매력을 가지고 있으니라 그리고 특별히 홉스 교설과 스피노자의 교설 사이의 관계 문제이다.

었다. 그러나 그것은 철학자가 반드시 스피노자의 범신론에만 포함되어야 한다는 것을 의미하지는 않는다. 오히려, 헤겔에게 있어서는 그것으로부터의 떠남을 의미하는데, 왜냐하면 본질에 대한 확언 때문이다. 그러나 그것은 이러한 주체로서 실체에 대해 생각하는 변증법을 남겨둔다. 그것은 자기운동을 가지는 것인데 반해 스피노자에 주장하는 바에 따르면 그것은 자동력이 없고, 공허함, 그리고 같은 말의 반복으로 등으로 남아있기 때문이다. 그것이 왜 그를 무신론자로 고발할 것이 아니라, 그를 우주론자의 범주에 넣어야 하는지의 이유이다. 헤겔에 따르면, 그는 '떠남'이라는 관점으로 단정하는 것을 따르는 세상의 실질적이고 다수의 존재에 대한 어떠한 의미부여를 하지 않기 때문이다. 헤겔은 실체에 대한 관점의 특징과 스피노자 범신론자들의 무력증을 어떻게 고치는지에 대해 지시하는 것으로 이해했는데, 사유의 연장에 대한 생각으로부터, 그것은 지성의 운동을 실제적 운동으로 소개함으로 이뤄진다. 다시 말해, 헤겔은 그의 범신론에 대한 비판적 이해를 명확히 하는 것은 그의 철학의 정의와 그 본질을 파해 치는 것이다.[14]

프랑스의 절충주의와 실증주의(Eclecticism and Positivism in France)

1815~1848년 사이에 다양한 정치체제, 중산계급의 부르주아의 지배하에 그것은 극에 달했는데, 그것에는 두 측면에서 갈등이 있었다.

---

14) See Macherey 1979.

한 측면은 정통주의적인 보수주의자로서 귀족들과 성직자들에 의해서 지지 받았고, 다른 한 측면은 민주주의 측과, 사회 이상주의와 함께하는 작은 부르주아와 프롤레타리아의 갈등이다.

철학적인 측면에서, 절충주의 학교와 대학의 연구기관의 장인 쿠쟁은 세 가지 측면의 갈등 요소의 대표자로 스스로를 표현한다. 세 가지 요소는 온건한 자유주의와 극단적인 경향을 가진 두 가지 모두를 불경스러운 것으로 무관심하게 거절하는 *정치적인 전통주의자*, 여전히 민주주의의 원 안에서 활동하는 *감각론자의 전통*, 그리고 마지막으로 의사들과 함께 새로운 지지를 찾고 있는 '*적절한 중간계급*'이다. 초기에, 그는 우파적으로 범신론자로 비난받는 헤겔과 스피노자를 이용했으나, 최초의 프랑스 심리학자고, 의식의 분석이라는 형이상학을 설립한 데카르트를 이용하기 위해서 이러한 귀찮은 언급을 포기했다. 그렇다면 이런 상관관계 가운데서 스피노자의 위치는 어디인가? 쿠쟁과 그의 추종자들은 말하길 그것은 의식과 경험이라는 가르침을 등한시하고, 그 스스로를 절대적 필연성을 받아들이는 관점으로의 수학적인 영혼으로 그 스스로를 밀어 넣은 데서부터 데카르트 철학에 압도당했기 때문으로 돌린다. 스피노자는 범신론자로 분류되어왔다. 또는 범신론자의 두 가지 형태중 하나로 분류되었다. 한 형태는 세상을 신 안으로 흡수시키고, 반대하지 않는 것이다. (어떤 이들은 헤겔의 가르침이 이해된 것이라고 본다.) 따라서 그는 유물주의자로 분류될 수 없고, 오히려 데카르트 철학의 한 신비한 분류라고 분류될 수 있다. (이는 힌두교의 무니파와 페르시아의 수니파와 유사하다.)

쿠쟁의 학교는 프랑스 대학의 전형으로 오랜 기간 지속되었고, 그

들에게 많은 영향을 미쳤다. 그러나 이것이 어떠한 좋은 연구 도구를 생산하는 것을 막을 수는 없다.[15]

이 구성은 두 가지로 공격의 목적이 되었다. 첫째, 스피노자(어떤 이는 여기서 라이프니츠의 전략을 인지한다. 더욱이 그의 논문의 주 지지자는 라이프니츠의 편집되지 않는 것의 편집인 푸셰(Foucher de Careil)이다.) 때문에 타협된 존재로서 데카르트주의로 공격된 쿠쟁 보다 좀 더 급진적인 관념론자이다. 쿠쟁은 그의 노년에 데카르트의 범신론을 좀더 제거하기위해서, 개인이 개인에게 부과된 무거운 짐들을 제거하기 위해 그 자신을 변호했다. 그리고 그는 주장했다. 범신론은 스피노자에게 유대 전통 — 특별히 중세 유대교 학자들의 카발라 — 을 통해서 왔다. 따라서 그것은 더 이상 데카르트 과학에 의지하지 않고, 증폭되었을 뿐이다.[16] 그리고 쿠쟁의 추종자들과 그들의 수사학으로 인류의 진화에 대한 진정한 법칙을 설명할 수 없는 주장을 하는 사람들을 비난하는 실증주의자들의 비판이 왔다. 텐(Taine)은 하나의 좋은 예가 될 것이다. 그는 스피노자에 대해서 면밀히 연구했는데, 그가 지금까지도 아주 혐오되고 있는 결정론을 스피노자에게서 읽었기 때문이다.

우리의 모든 행동들이 자연의 대상들을 통제하듯이 설명할 수 없는 법에 의해 결정된다. 라 퐁텐(La Fontaine)과 티투스 리비우스(Titus Livy)는 『윤리학』 3, 4장 모델에서 같이 인간의 정념과 사람들의 기질

---

15) 스피노자에 대한 첫 완전한 불어 번역은 Emile Saisset에 의해서 이루어졌다.
16) 이러한 새로운 해석이 그 자신의 학교에서는 합의되지 못했음을 우리는 알아야 한다. 예를 들면 Saisset는 초기의 입장을 주장한다.

로써 설명될 수 있다. 텐의 저술에서, 스피노자는 사회 과학의 대부분의 객관주의자들의 번역의 선구자로서 나타났다.

쇼펜하우어와 니체(Schopenhauer and Nietzsche)

쇼펜하우어는 스피노자의 사유에 대해 매우 비판적이었다. 그는 스피노자의 '원인'과 '이성'을 동일시하는 것에 대해서 그리고 그의 '형이상학적 낙관론'에 대해서 비난했다. 그러나 그는 스피노자의 인상의 변형을 통해서 아주 중요한 역할을 했는데, 그것은 한 인간 스피노자에 대한 새로운 시각을 제안한 것이다. 이것이 쇼펜하우어가 스피노자에게 한 모든 말을 요약하는 것은 아니다. 우리는 여전히 이론적인 불일치에도 불구하고, 『자연 안에서의 의지에 대하여』에 대한 결론에서 스피노자에 대해서 성인들의 어록 같은 주석할 수 있다 마치 스토아 학파의 클레안테스(Stoic Cleanthes)처럼 스피노자는 제도를 위한 진리를 추구했고, 열심히 일해서 그의 빵을 구하는 것도 여전히 필요했다. 이것이 쇼펜하우어적인 교수들에 반대하는 삶의 비진정성에 대한 스피노자 삶의 진정성에 대해 반대하는 방법이다. "확실히, 누구든지 이 밝혀진 아름다움을 찾는 자, 이 유혹하는 요정, 이 지참금 없는 신부는 국가와 대학의 철학자적 존재와 관련된 행복을 포기해야 한다. 우리는 오히려 스피노자 같은 렌즈를 닦거나 클리안테스처럼 물을 팠어야 한다." 그러나 그것은 가장 원문인 『의지와 표상으로서의 세계』에 있다. 쇼펜하우어는 『지성개선론』의 첫 면에서 특이한 성격을 강조한다.[17] 쇼펜하우어는 그의 작품 네 번째 장의 끝에서, 그는 '스피노자가 처음으로 금욕과 자발적인 고행의 본질을 추상적인 방식으로 표현했다고 생각한다'고 진술했다. 그러나 그는 (『윤리학』의 마지막 구절을 인용하여, 대단히 드문 예들을 구체적으로 들며) 덧붙이기를 이러한 본질은 직관적으로 이미 이해되었고, 성자와 수도자의 행동에서 표현되었고, 누구든지 그것을 완벽하게 이해하고자 한다면, 현실과 경험에서 얻은 예들을 이용하여, 그것을 경험과 현실에서 이해하는 법을 배워야만 한다고 했다.[18] 그리고 그는 일부 예를 들었는데, 스피노자의 삶은[19] 기용(Madame Guyon)과 *Wilbelm Meister*에 삽입된 『아름다운 영혼의 고백』(the *Confessions of a Beautiful Soul*)의 사이에 놓여있다. 그러나 이 전기를 이해하기 위하여, 우리는 이 『지성개선론』의 서두를 이용해야만 한다. 그는 이 서두를 "정념의 폭풍을 진정"시키기 위하여 그가 아는 최상의 방법이라고 하며 추천하였다.[20] 이 논문의 서두는 추앙되고, 철학적인 명상에 쓰이기도 하고, 장엄하다고 알려졌다. 그러나 그것은 잘 짜여진 구성에 기인한다기 보다는,

---

17) By opppostion to what follows, in any case: "in jenem herrlichen Eingang zu seiner ungenügenden Abhandlung" (Die Welt als Wile un Vorstllung I. iv. 68, in Schopenhauer 1960: I, 523).

18) "그러나 탁월한 모든 것들은 그것들이 희귀한만큼 어려운 것이다." (E 5p42s).

19) "Gewissermaβen knnnte man als ein hierhergehorigesd Beispel sogar die bekannte französische Biographie Spinozas betrachen" (Die Welt als Wile un Vorstllung I. iv. 68, in Schopenhauer 1960: I, 523). 유사하게 괴테의 텍스트는 그가 모델로 취했던 Susanna von Klettenberg의 삶에 대한 언급에 의해서만 주장된다. 그리고 그는 직접적으로 시와 진리에서 말하고 있다.

20) "…das wirksamste. mir bekannt gewordene Besanftigungsmittel des Sturms der Leidenschaften" (Die Welt als Wile un Vorstllung I. iv. 68, in Schopenhauer 1960: I, 523).

고통의 중요한 발단과의 소통에 있어서의 가치 때문이었다. 따라서 쇼펜하우어는 저자의 진정성에 근거하여 『지성개선론』의 집중을 읽는 것 안에 있는 스피노자에 접근하는 새로운 방법을 개발한다.

따라서 쇼펜하우어는 스피노자의 수용에 대한 역사에서 새로운 인상을 떠나는 관점을 제공했다. 이른바 고통 받는 자로서의 스피노자이다. 『지성개선론』에 관한 문헌상의 설명과 논평은 이 주제들과[21] 맞물린다. 그리고 그 설명과 논평 모두는 그 책의 처음 부분을 그 새로운 인상에 맞추고자 하였다. 그리고 프로이덴탈(Freudenthal)은 『지성개선론』이 스피노자의 가장 중요한 작품에는 들어가지 않는다고 생각하였지만(왜냐하면 이 책에 포함되어 있는 대부분의 것들이 다른 곳에서도 발견되고, 그리고 때때로 다른 어떤 형태로 보여지기 때문에), 그래도 이 작품이 가장 감동을 주는 것 중의 하나이고, 이 작품을 통하여 그의 영혼의 깊은 곳을 볼 수 있으며, 그의 행동의 근원이 무엇인지를 알 수 있게 한다고 하였다(Fredenthal, 1927). 게바트(Gebhardt)는 쇼펜하우어의 정식을 인용하며, 스피노자의 작품 어디에서도 그의 정서의 장엄함과 순수함을 경험할 수 없다고 썼다(Gebhardt, 1905). 우리는 삶에 있어 가장 친숙하고 고통스러운 것에 있는 스피노자의 이성, 깊은 의식과 소통하기 위하여 여기에 있고, 그리고 후에 이론적으로 주장되어질 것의 진실을 설립하고 기하학보다 더 직접적으로 독자의 영혼과 대화할 수 있고자 한다. 역사학자들은 『지성개선론』의 서두를 인간과 인간 고통의 진정한 증언으로 생각하여, 그들의 학문을

---

21) 지성교정론에 완전히 헌신된 첫 저작은 1898년 Elbogen이다. 그러나 19세기 말엽이나 20세기 초 가장 위대한 학자 스피노자는 그것에 한 장을 헌신했다.

그 서두에 연결하고자 한다.

쇼펜하우어의 발견이 의미하는 것에 시간을 덜 투자한다고 해서 게으른 것은 아니다. 대단히 결정적인 신념을 고통과 그것을 극복하는 것의 문제에 인정한 철학이 스피노자의 범신론이 지성적 범신론[22]으로 환원할 수 없는 문구를 지적하는 것은 우연이 아니라고 우리는 생각할 수 있다. 그 문구는 전에는 효용이 있었다. 그러나 스피노자의 범신론이 피조물을 한 실체에 안에 잠식하는 환영으로서 보기 때문에, 그 문구는 문자 그대로 읽을 수가 없는 체로 남아있다. 그때부터 스피노자의 철학은 스스로 평판을 얻기 위한 수단을 강구했다. 그러나 지불해야할 대가가 있었다. 그 교정된 방향은 스피노자의 삶[23]을 직접적으로 바라볼 것인지 아니면 독자의 의식을 이해할 것인가에 대한 설명이 필요한 듯 보였기 때문이다.

니체는 1881년 6월 30일 오버베크(Overbeck)에게 편지를 썼다. 내용은 이러했다. "나는 선구자가 있어요, 아 선구자여! 1881년 8월 그는 그의 생각에 생명을 불어넣는 그 위대한 개념을 세웠다. 경구와 역설에 기초를 둔 니체 철학의 양식은 선구자가 자기 자신을 모방자로 보려 하지 않는다는 것을 인식하는 것이다. 그러나 스피노자의

---

22) 쇼펜하우어와 스피노자에 대해서는 the selection of main texts in Grunwald 1897: V, 109, pages 247-53을 보라. 뿐만 아니라 1899년 래파포트도 마찬가지이다. 이탈리안 주석가는 자주 스피노자와 쇼펜하우어주의자들의 동기 사이의 상세한 비교는 매우 유익하게 발전하였다. Moretti-Constanzi 1946: 173ff. and Semerari 1952: 94, 103, 109-10.

23) 브루노와 스피노자와 관련해서, 쇼펜하우어는 그들의 "kiimmerliches Daseyn und Sterben" (Die Welt als Wille und Vorstellin, "Anhang: Kritik der Kantischen Philosphie" Schopenhauer 1960: I, 571)에 대해서 말한다.

반대 '기쁨'/'슬픔'(*Laetitia/tristitia*)와 니체의 반대 '힘에의 의지'와 '무에
의 의지'(*Wille zur Macht/Wille zum Nicht*)가 신의 사랑과 운명의 사랑 사이
에서, 그리고 필연과 같은 것의 영원한 순환 사이에서, 유사하다는
것을 볼 수 있다.[24]

마르크스와 마르크스주의(Marx and Marxism)

1841년, 젊은 마르크스는 스피노자의 편지와 『신학정치론』을 읽었
다. 그 후 그는 더 이상 관계가 없을 때까지 철학과 종교를 엄밀히
분리한다. 철학에서는 우주론적 결정론은 초자연현상을 배제한다.
종교에서는 의견의 연쇄는 복종을 선동한다. 따라서 성경적인 해석
이나 아주 작은 믿음에 대해서는 아무런 관심이 없다.[25] 반면, '성스
러운 가정'에서 마르크스는 스피노자를 Renouvier textbook에서 영
감을 받은 형이상학자로 보았다. 그러나 엥겔은 Anti-Dühring에서 스
피노자를 변증법의 위대한 대표자로 정의를 내렸다. 그리고 그는 "사
유와 연장이 하나의 동일한 실체의 두 가지 속성이라고 말한 스피노
자는 옳은가?"라는 플레하노프(Plekhanov)의 질문에 "스피노자는 절대
적으로 옳다."고 답을 한다. 그 후, 스피노자는 특별히 그가 다양한
경향들 사이에 있는 모순을 드러내는 자로서 기여했던 마르크스주의
가 위기의 시기의 역사에 자주 등장한다. 사회주의를 도덕적인 태도
로 되돌리기 위하여 칸트를 이용한 번스타인(Berstein)과 의견을 달리

---

24) Snel n.d을 보라. 또한 Wurzer 1975을 보라.
25) the analysis given in Matheron, 1989을 보라.

하며, 플레하노프는 자연과 사회를 지배하는 객관적인 법칙의 엄격함을 증명하기 위하여 스피노자의 "유물론"을 이용했다. 유사하게도, 20세기의 소련에서는 유물론자와 변증가들이 각각 스피노자설의 한 인상을 구축했고, 그들의 입장을 강건히 하게했던 이성의 역사에 그 인상을 심었다.26)

문학에서(Literary Readings)

19세기에 스피노자는 문학적인 인물로 또는 인용으로27) 비추어지지 않았다. 이러한 현상을 일으킨 한 사람은 스피노자를 번역한 독일 번역가이자 전기작가인 아우어바흐(Berthold Auerbach)였다(Auerbach, 1837). Black Forest villages에 대한 소설을 쓴 작가인 그는 민주주의와 진보를 위해 싸웠으며 유태인이었다. 그의 생각은 그의 책에서 찾아볼 수 있는데, 그의 책의 첫머리에서는 스피노자가 편견과 어려움에도 불구하고 향하여 나아간 전통에서 벗어난 이성의 힘을 일깨우기 위하여 다코스타(Uriel da Costa)28)의 매장이 나온다. 도덕적인 각성을 얘기하는 이 책에서29) 스피노자는 인간을 진보의 길로 인도하는 임무를 갖고 있지만, 미신과 비합리로 인해 그 임무를 이루지 못하는 것으로 나온다.

---

26)   Klien 1952을 보라.
27)   이러한 일반적인 주제들은 see volumne 5 of Studia Spinozana, "Spinoza and Literature" (Königshausen and Neumann, 1989을 보라.
28)   Chapter Iof this volumne을 보라.
29)   Lagny 1993을 보라.

영문학 관점에서, 우리는 엘리엇(George Eliot)이 『윤리학』과 『신학정치론』을 번역했다는 사실을 기억해야만 한다. 스피노자의 도덕관을 실천적인 형태로 알리고자 했던 그녀의 소설은 수많은 독자에게 다가갔다. 그녀의 소설에서는 예속과 자유 사이에서, 충분한 생각과 부족한 생각 사이에서 저항을 했던 인물들이 한정된 물질 욕구를 갖고 진정한 자유를 갈망한다. 따라서, 『애덤 비드』(*Adam Bede*)와 『미들마치』(*Middlemarch*)는 기하학적인 형태를 벗어난 스피노자설을 배경으로 영국인의 생각에 진정한 자유를 불어넣는다. 그것은 영웅의 행동이며 인식과 그들을 인도하는 행복이 불행의 다른 것을 예시하는 것이었다.[30]

마침내 프랑스에서, 근대주의에 영향을 받은 전통주의자 부르제(Paul Bourget)의 소설 *Le Disciple*(1989)에서 스피노자는 나쁜 선생의 캐릭터로 나온다. 소설에서 그는 이성에만 매달린 근대의 철학자이다. 그는 자신을 엄격하게 이성적으로만 대했고, 이성적으로 사는 현명한 사람에게 동정은 부질없는 것이라 여겼다. 그는 기독교를 겸손에 의한 질병으로 생각하였다. 그는 "도덕적 세계는 물리적 우주를 재생산하고 단지 도덕적 세계는 물리적 우주의 고통과 무아지경"이라고 한 다윈의 생각에 의존하였다. "우리는 이야기의 도덕성을 추정해볼 수 있다. 그러한 철학은 그의 격언을 잘 따르는 사람의 도덕성에 해를 입히기 마련이다. 그를 "매우 달콤한 사람"으로 묘사한다고 해서 그의 죄가 경감되는 것은 아니다. 부르제는 덕망 있는 무신론자가

---

30) tkins을 보라.

다른 개인들보다 훨씬 못하다는 생각을 피력했다.

4. 20세기

독일 학파(German Scholarship)

19세기 말과 20세기의 초반 30년 동안은 스피노자 학파의 전성기였다. 그 당시 소피노자의 원리를 해석하기 전에, 스피노자의 삶에 대한 이야기를 거부하고 그 내용과 영향을 고치기 위하여 그 원리를 알고자 하는 시도가 있었다. 이러한 시도의 발단은 독일이었고 부분적으로는 네덜란드에서 일어났다. Meinsma는 전기를 파헤치고, 프로이덴탈(Freudenthal)은 공문서를 발간하고, Van Volten과 Land 그리고 게바트는 그 뒤의 작업을 했다. 저널 *Chronicon Spinozanum*은 특이한 사항을 다룬 기사를 수집했고, 스피노자 학파의 영향을 연구했으며 그리고 근대적인 해석을 위해 정보를 제공하였다. 그 저널은 Steno의 Epistola, Peiter Balling의 책, Vanden Enden의 Jan de Witt에게 보낸 세 통의 편지를 다루기도 했다.

이러한 광범위한 일은 대단히 유용하였고, 그 당시의 연구는 현재도 그대로 이용되고 있다. 반면에, 스피노자를 해석하는 데는 그다지 진보가 없었다. 스피노자에 대한 지식은 더욱 정확해 졌지만 깊어지지는 않았다. 게바트는 오히려 약한 종교철학을 옹호했다. 그리고 마침내, Dunin-Borkowski의 관념의 역사에 관한 광범위한 대전(summa)

에서31) 불행하게도 스피노자의 이성은 그 특질을 잃어버렸다.

이러한 위대한 연구는 독일의 반유대주의아래, 대학교를 재배치하고 이성주의 원칙을 배척하는 나치에 의해 무참히 방해 받게 된다.

스피노자 철학의 메아리(The Echoes of Spinozism)

정확히 말해서 철학의 바깥쪽에서는 누군가가 살아있는 해석이 아닌 경우, 스피노자나 그에 의해서 영향을 받았다고 생각하는 사상가들의 모호한 기원을 인식하는 관념을 찾을 것이다.

①

Freud는 거의 스피노자에 대한 언급을 하지 않는데, 그러나 그의 감탄사에서 그는, 그것이 무슨 의미인지간에, 항상 스피노자적인 환경에서 살았다고 주장한다. 그의 친구들인 Lou Andras Salome, Viktor Tausk는 스피노자의 학설과 스피노자라는 인물에 대해 잘 알고 있었다.32) 더군다나, 몇몇의 프로이드 학파의 사상들은, 다시는 그것들을 반복하는 일 없이, 『윤리학』의 훌륭한 주제들을 상기시켰는데 첫 번째로, 심리학적인 것이 의식으로 환원되지 않는다는 생각

---

31) Dunin-Borkowski 1910; and Dunin-Borkowski 1933-36 (vol. 1: Der junge de Spinoza {which takes up again the 1910 work}; vol. 2: Aus den Tagen Spinozas. Das Entscheidungsjahr 1657; vol. 3: Aus den:Tagen Spinoza: Das neun Leben: vol. 4: Aus den Tagen Spinozas: Das Lebenswerkdmf 을 보라.

32) Tausk는 스피노자와 그 자신 사이의 대화에 있는 지혜에 대하여 시를 썼다.

과 심리학적인 영역에서 일어나는 일들이 그들의 몸 안에서 그들 스스로를 명백히 한다는 것이다. 흔히, 스피노자의 유령이 정신분석학의 역사에 끊임없이 붙어다니곤 했다. 라캉(Jacques Lacan)이 그의 입장에서 볼 때, 프로이드 학파의 사실보다 더 확실했던 주제들을 변호하기 위해서 정신분석학 협회와 결별했을 때, 그는 암스테르담 회당에서 스피노자의 제외를 기억해 냈다.[33]

②

스피노자와에 대한 언급은 Jewish Light(the *Haskalah*) 운동에 한 역할을 감당했는데, 게토로부터 나오는, 그리고, 종교적인 전통에서 자유화된 유대교의 해방운동의 선각자로 여겨진다. 차례로, 몇몇의 시온주의자들은 스피노자를 그들 스스로가 시작하려 했던 행동의 증거를 보았는데, 그것은 19세기의 Moses Hess와 유대교의 역사학자이자 예루살렘의 헤브라이 대학 창립자중 한명인 Joseph Klausner, 그리고 Ben Gurion와도 마찬가지였다.[34]

③

마지막으로, 아인슈타인(Albert Einstein)은, 아무도 학설 비교에 대

---

33) 누군가가 그의 영감으로 스피노자를 설명했던 베를린으로부터 유대인 철학자 Constantin Brunner의 형상을 불러일으킬 필요가 있다면, 그의 교설은 20세기의 많은 전문적인 철학자에게 약간의 성공을 거두었을 뿐이다. 하지만 생물학자와 물리학자의 다양한 모임 사이에서 고려할만한 영향이 있다. 어떤 이는 영혼과 신체 사이의 관계에 대한 스피노자 철학의 특수한 주장을 읽는 것을 발견한다.

34) Yakira 1993을 보라.

한 명확한 내용을 제시하지는 못했지만 스피노자의 대한 언급을 많이 했다.[35]

문학(Literature)

그 누구도 스피노자의 추종자들 가운데서 나치즘과 관련된 작가가 있다는 사실을 예상하지는 못할 것이다. 그러나 이것은 E. G. Kolbenheyer[36]의 사례이다. 그의 소설인 『신의 사랑』(*Amor Dei*)이 아주 일찍이 국가사회주의 독재체제와 관련이 있었다는 것이 사실이지만(1908), 사상과 감정 등이 고취된 그의 생각들은 정말로, 비합리주의와 그 작가의 나중 진화를 예상하게끔 하는 많은 개개인들의 유행에 의해서 두드러지게 되었다. 여기서 말하고자 하는 관중은 생명력의 실현일 뿐인데, 그것은 스스로의 파괴의 씨앗을 내포하고 있고 사람들은 노예상태로 태어났으며, 몇몇 예외의 개개인들은(Spinoza, under the circumstances) 관중의 힘에 열광하지만 이 동물적인 무자비함을 거부한다.

Bernard Malamud의 *The Fixer*에서 나오는 가난한 유대인 영웅은 세기 초 러시아에서 반 유대인주의의 부활 때문에 박해를 받았는데 그는 『윤리학』의 독자로서 그의 놀란 변호사에게 모습을 드러낸다. 마지막으로, 스피노자에게 많은 글들을 바친 Jorge-Luis Borgès는[37]

---

35) 하지만 Paty 1985를 보라.
36) Lagny 1993을 보라.
37) Damade 1993을 보라.

'그림자 속에 신'을 창조한 철학자라며 스피노자에 대한 열망을 고백했다. 그는 한 번도 체계의 세부항목으로 들어가지 않았지만 그가 형이상학을 환상적인 문학의 부문으로 받아드릴 때에는 왜 이 특정한 형이상학이 그를 특히 기쁘게 하는지 알아차릴 수 있다. 아마도, 정확하게는 가장 이상하게 보였던 양상 때문일 것인데, 실로, 고대시대의 비평이나 쿠쟁의 온전한 제자들의 경험에 가장 멀리 떨어져 있는 것에 가장 반대한다. 우리가 두 가지로 잘 알고 있지만, 존재해야만 하는 육체와 영혼에 일치하는 현상에 있어서 신적 속성의 무한성은 이중의 주제와 부르제가 인식한 환상적인 문학의 기초로서 평행한 우주를 야기시킬 수 없는 관념이다.

1945년 이후 스피노자주의의 부활(The Renewal of Spinozism after 1945)

비교적 비활동적이었던 많은 시간 이후 (그러나 몇몇 칭찬할만한 작업들이 구별될 수 있는데) 1960년대 말에는 몇몇의 방향으로 스피노자주의에 대한 연구들의 부활이 일어났다. 다른 한쪽으로는, 체계의 논리적인 질서에 대한 연구들이 있었다. 이러한 경향은 Martial Gueroult[38]의 작업으로부터 가장 높은 수준으로 나타나는데 하지만, 프랑스에서 전체적인 학파에 영감을 불어넣은, 가장 대표적으로, Alexandre Matheron[39]이 언급되어야 할 것이며, 영어권 국가에서의 Edwin

---

38) Gueroult 1968-74, 2 vol. 1: Dieu (Ethique. 1), 1968; vol. 2: L'âme (Ethique. 2) 1974를 보라.
39) Matheron을 보라.

Curley의 작업 또한 언급되어야 한다.[40] 반면에, 스피노자주의를 철학의 힘(Deleuze)[41]이라고 하거나 구성적인 사고(Negri)[42], 그리고 마지막으로 예를 들어서 스피노자주의를 서양전통이 아닌 것과 비교하기에 조심스러운 불교의 해석들이 있다(Wetlesen)[43]. 부가적으로 우리는, 역사편찬의 연구(Mignini, Proietti, Popkin, Yovel)와 연구수단의 구성(가장 높은 수준인 Emilia Giancotti의 *Lexicon Spinozanum*)을 언급해야 한다. *Chronicon Spinozanum*이 사라진 이후 반세기동안 스피노자 연구의 부활을 알리는 추가적인 증거들이 온전히 스피노자에게 바쳐진 두 가지 논문에 의해서 준비가 되었다. Manfred Walther가 편집한 Studia Spinozana와 Cahiers Spinoza가 바로 그 논문들이다. 스피노자와 스피노자주의가 지적인 그리고 문화적인 세상에서 계속해서 힘을 유지할 것이라는 사실이 확실하다.

---

40) Curley 1969, 1988.
41) Deleuze을 보라.
42) Negri 1981을 보라.
43) Wetlesen 1979을 보라.

참고문헌

Atkins, Dorothy, 1985. "La philosophie de Spinoza selon George Eliot". *Spinoza entre Lumieres et Romantisme. Cahiers de Fontenay* 36-8: 349-58.

Auerbach, Berthold, 1837. *Spinoza. ein historischer Roman*.

Back, Leo, 1895. *Spinozas erste Enwirkungen auf Deutchland*. Berlin.

Bayle, Pierre, 1697. *Dictionnaire historique et critique*. Paris.

_____, 1984, *Ecrits sur Spinoza*, F. Charles-Daubert and P.-F. Moreau (eds). Paris: Berg.

Charles-Daubert, F.(eds.), 1994. *Le Traite des Trois imposteurs*. Universitas.

Curley, Edwin, 1969. *Spinoza's Metaphysics: An Essay in Interpretation. Cambridge*, Mass.: Harvard University Press.

_____, 1988. *Behind the Geometric Method*. Princeton: Princeton University Press.

Dmade, Jacques, 1993. "Le Saint et l'Héretique. Borgès et Spinoza", in *Spinoza au XXe siecle*, O. Bloch (ed.), Paris PUF, pp.483-92.

Deleuze, Gilles, 1970. *Spinoza. Philosophie pratique*. Paris: Edition de Minuit, 1969.

Diderot, Denis, 1747. Oeuvres completes. Assezat.

Dunin-Borkoski, Stanislaus von, 1910. *Der junge de Spinoza. Leben und Werdegang im Lichte der Weltphilosophie*. Munster: Aschendorf.

_____, 1933-6. Spinoza. 4 Vols. Munster: Aschendorf.

Eckstein, W. 1944. "Rousseau and Spinoza". *Journal of the History of Ideas*, 251-91.

Edelmann, Johann Christianm, 1756. Moses.

Freret, Nicholas, 1986. *Lettre de Thrasybule a Leucippe*, Sergio Landucci(ed) Floernce: Olschki.

Freudenthalm, J. 1927. *Spinoza: sein Leben und Lebre. Zweiter Teil: Die Lehre Spinozas auf Grund des Nachlasses von Freudenthal bearbeitet von Carl Gebhardt*. Heidfelberg: Carl Winter Verlag.

Gebhardt, Carl, 1905. *Abhandlung uber die Verdesserung des Verstandes. Eine entwiklungsgeschichtliche Untesuchung. Heidelberg*.

Grunwald, Max, 1986 *Spinoza in Deutschland*. Reprinted by Neudruck Scientia

Verlag Aalen. Berlin: S. Calvary, 1897.

Gueroult, Martial, 1968-74. Spinoza Vol. 1: Dieu (Ethique 1): Vol. 2: L'ame (Ethjque 2). 2 Vols. Paris: Aubier.

Jacobi, Friedrich Heinrich, 1785. *Ueber des Spinoza in Briefen an den Herrn Mosses Mendelssohn.*

Kline, George, 1952. *Spinoza in Soviet Philosophy.*

Lagny, A. 1993. "Spinoza personnage de roman", in *Spinoza an Xxe siecle*, O. Bloch (ed.) Paris: PUF.

Macherey, P. 1900. *Hegal ou Spinoza.* 2nd edn.,La Decouvertre. Paris: Maspero, 1979.

Matheron, Alexandre, 1969. *Individu et Communaute chez Spinoza.* Paris: Les Edition de Minuit.

Matheron, Alexandre, 1977. "Le traite theologico-politique vu par le jeune Marx". Cahiers Spinoza I: 159-212.

Moreau, Pierre-Francos, 1994. *L'Experience et l'Eternite Recherches sur la consititution du sysmem Spinoziste.* Paris: PUF.

Moretti-Constanzi, T. 1946. *Spinoza.* Rome: Edittice University.

Negri, Antonio, 1991. *The Savage Anomaly*, Michael Hardt(ed. and trans.) Transltion of *L'anomolia selvaggia.* Gianroacomo Feltrinelli Editmore, 1987. Minneapolis: University of Minnesota Press.

Pariset, 1906. "*Sieyes et Spinoza*". Revue de synthese histoque 12: 309-20.

Paty, Michel, 1985. "La doctrine du parallelisme de Spinoza et le programme epistemologique d'Einstein". Cahiers Spinoza 5: 93-108.

Rappaprt, Samuel, 1899. *Schopenhauer und Spinoza.* Halle/Wittenberg (thesis).

Schroder, Winfried, 1897. *Spinoza in der deutschen Fauhauflarung. Wursburg*: Konigshausen und Neumann.

Schmidt-Biggemann, W. 1992. "Spinoza dans le cartesianisem", in Travaux et *Documents du Groupe de recherches spinozistes.*

Schopenhauer, Arthur, 1960. *Smtliche Werke*, Wolfgang Lohneysen (ed.). Frankfurt Insel-Cotta.

Schribano, M. E. 1988. *Da Descartes a Spinoza. Percosi della teologia razionale nel Seicento.* Milan: Franco Angeli.

Semerari, G. 1952. *I Problemi dello Spinozismo.* Vechhi: Trani.

Simon, Richard 1687. *De l'Inspiration des livres sacress.* Rotterdam.

Spinoza, Baruch, 1678. *La Clef du Sanctuaire*. Translated by Saint-Glain. Leyde: Warnaer.

Tschirnhaus, Ehrenfried Wilhelm von, 1686. Medicina mentis sive Artis inveniendi *praecepta generalia*. Amsterdam: Jan Rieuwertsz.

_____, 1980. *Medecine de l'esprit*, ed. and trans. Jean-Paul Wurtsz. Paris: Ophrys.

Verniere, Paul, 1982. *Spinoza et la pensee francaise vant la Revolution*. Paris: PUF.

1954. Elucidarius Cabalisticus. Amsterdam.

Wetlesen, Jon, 1979. *The Sage nad the Way: Spinoza's Ethics of Freedom*. Assen.

Wurzer, W. S. 1975. *Nietzsche und Spinoza*. Meissenheim an Glan.

Yakira, Elkhanan, 1993. "Spinoza et les sionistes", in Spinoza au Xxe *siecle*, O. Bloch (ed.), Paris: PUF.

III

스피노자와
쇼펜하우어

쇼펜하우어와 스피노자에 친숙한 모든 사람은 두 철학자가 매우 중요한 공통점이 있다는 사실을 알아야만 한다. 즉 그들의 체계 내에서 동일성과 일원론적인 특징을 가지고 있다는 것이다. 너무나도 이상할 정도로 소수의 학자들만이 관련된 문제들에 대해 연구를 통하여 말할 필요가 있음을 설명하면서 이 현상을 언급하는 것처럼 보인다. 그러나 항상 그런 것만은 아니다. 우리는 19세기 후반과 20세기 초반의 위대한 사상가들의 연구를 통해 수많은 책과 논문이 확실히 이러한 문제들을 다루면서 출판되었다는 것을 발견해왔다. 이러한 발견은 특히 쇼펜하우어와 스피노자 사이의 관계와 관련이 있다. 단지 70년 전에, 완전히 세상에 알려지지 않는 두 명의 철학도, 즉 어니스트 클레멘스(Ernst Clemens)[1]와 사무엘 래파포트(Samuel Rappaport)[2]는 이러한 주제에 관해서 그들의 박사학위 논문에서 정확하게 진술

1)   Schopenhauer und Spinoza (Leipzig, 1899).
2)   Spinoza und Schopenhauer (Halie, 1899).

했다.

그것에 대해 먼저 말해보기로 하자. 명성이 없는 이 두 명의 철학
도는 대부분의 현재 연구가들보다 더 철저하게 주제를 다루었고 훌
륭하게 수행해 냈다. 클레멘스는 쇼펜하우어의 "의지의 일원론"은 단
지 "스피노자의 추상적 일원론"3)의 변형이라는 결론에 도달했다. 그
리고 그는 루돌프 레만(Rudolf Lehmann)4)의 말을 인용한다. "만약 어
떤 이가 쇼펜하우어의 체계를 종합이라고 부르기를 원한다면, 그것
은 단지 칸트와 스피노자의 종합으로 불려질 수 있을 것이다." 반면
에, 래파포트는 쇼펜하우어가 그 자신의 철학의 발전의 단계인 1899
년 이전에 스피노자에 의해서 많은 영향을 받았다는 것을 보여주었
다. 그리고 아더 휴브쳐(Arthur Hübscher)는 쇼펜하우어의 저작인 『필
사본으로 내려오는 문헌들』(Der handschriftliche Nachlass)5)의 완전히 새로
운 편집을 함으로 지금 가장 최고로 연구되고 있는 것이 사실이라는
것을 보여 주었다.

우리들의 문제에 대한 현재의 논의의 부족에도 불구하고, 스피노
자에 대한 쇼펜하우어의 "동정적" 태도를 인정하는 근대 영국 저술가
있다. 패트릭 가디너(Patrick Gardiner)는 쇼펜하우어에 대한 그의 연구
에서6) 다음과 같이 지적했다. "다양한 방식으로 쇼펜하우어는 스피

---

3) Clemens, p.69.
4) Schopenhauer. Ein Beitrag zur Psychologie der Metaphysik(Ber;in, 194),
   p.5.
5) Schopenhauer, *Der Handschriftliche Nachlass*, ed. A. Hübscher (Frankfurt:
   Wald Kramer, 1966-1968.
6) Schopenhauer (Penguin, 1963).

노자의 일반적 사상에 대해서 동정적이었다. 특히 '사유와 연장'이라는 두 개의 뚜렷한 실체가 있다고 이해하는 실재에 대한 데카르트주의자들의 관점에 대해 동정적이었다. 그리고 스피노자의 학설 ― 몸과 정신은 궁극적으로 동일한 실체의 속성으로 여겨져야만 한다는 사실은 쇼펜하우어의 몸과 의지의 형이상학적 실재(entity)의 학설에 대해 유사한 관점들을 담고 있다.[7]

반면에 영국예수회 프레드릭 코플스톤(British Jesuit Frederick Copleston)은 *Arthur Schopenhauer; philosopher of Pessimism*에서[8] 다음의 마지막을 인용하면서 쇼펜하우어의 범신론에 대해 부정적인 평가를 강조한다. "모든 범신론은 윤리학의 필연적인 요구에 의해서 더 나아가 세상의 악과 고통에 의해서 궁극적으로 전복되어져야만 한다."[9]

쇼펜하우어는 철학적 연구를 시작하자마자, 스피노자의 저작들을 공들여 분석하는데 많은 시간과 노력을 쏟아 부었고 그의 노년에까지 이 사상가에 대한 연구를 계속했다. 예나(Jena)에 있는 쇼펜하우어의 사설 도서관은 베네딕트의 하인리히 에드워드 고틀립 파울로스(Heinrich Eduard Gottlieb Paulus of Benedictus)에 의해 1802~1803년에 편집된 스피노자의 *Opera quae supersunt omnia*의 2권을 보유하고 있다. 휴브쳐는 쇼펜하우어의 유작가운데 그의 소중한 장서의 제5권에서 긍정적이고 부정적인 특징에 대한 많은 주변의 언급을 간행했고, 수많은 물음표와 느낌표 사이의 진술들을 간행했다.[10] 이러한 인용들

---

7)   *Ibid.*, p.71.

8)   Arther Schopenhauer: Philosopher of Pessimism (London: 1946-1947).

9)   Lbid., pp.144-145; Schopenhauer, Supplement III, 403.

과 스피노자 저작들의 발췌록은 극단적으로 거대해서 칸트나 피히테의 작품을 통해서만 초과된다. 휴브쳐에 따르면, 쇼펜하우어는 그가 베를린에 머무는 동안(1811~1813) 파울루스 판(Paulus edition)을 샀다. 괴팅겐에서 그의 스승 슐츠(G. E. Schulze)는 그를 설득하여 스피노자를 연구하는 것이 "너무 이르다고"하여 단념시켰다. 그의 논문 "충족이유율에 대한 네 가지 근원에 대하여"(On the fourfold Root of the Principle of Sufficient Reason)를 완성했을 때, 쇼펜하우어는 파울루스 판을 사용했다. 그의 주요 작품의 두 번째 판에 대한 그의 주해를 집필하기 전에 (1844), 쇼펜하우어는 다시 파울루스 판에서 스피노자를 연구하는데 온전히 헌신했고, 그는 암스테르담의 사상가로부터 새로운 인용문을 추가했다. 특히 『의지와 표상으로서의 세계』(Die Welt als Wille and Vorstellung)의 2권은 스피노자로부터 수많은 인용들을 포함하고 있다. 더욱이 우리들은 『소론과 단편집』(Parerga und Paralipmena)에서 많은 문장들의 인용들이 이 책에서 강조되고, 이 후기 작품의 발견(1851) 후에 쇼펜하우어는 스피노자의 사상을 계속해서 분석해왔다. 스피노자의 금언: Est enim verum index sui et falsi(ep.74)은 독일어와 라틴어 번역본에서 『색의 이론』(Theory of Color)를 위해서 쇼펜하우어에 의해서 사용되어졌고, 더 나아가 그에 의해서 괴테와의 개인적인 대화에서, 그의 『의지와 표상으로서의 세계』(p.388) 제2권에서 인용되었다.

---

10) 휴브쳐는 그의 책 Beiträge über das Verhältnis Schopenhauer zu Spinoza (Hildesheim: 1900)에서 이러한 관계에 대해서 언급한다. 그는 이러한 주변부의 언급들은 오히려 홉스 공동체의 발견자에 대한 낯선 태도인 "부정확하고 드문방식"이다.

상세하게 더 들어가기 전에, 우리는 여기서 전반적인 언급을 할수 있다. 스피노자에 대한 쇼펜하우어의 태도는 긍정적인 경향에서의 강한 견해를 가지는 상극적인 태도라 할 수 있다. 암스테르담 사상가의 인격과 전체적인 수준에 관련된 한에서, 쇼펜하우어는 노골적인 찬양, 심지어 열광까지 보여준다. 부정적인 요소들은 스피노자의 학설의 평가에서 나타난다. 다른 경우에는 어떻게 되었을까? 세상은 불완전함에도 불구하고 신적인 영의 발산을 묘사하는 것으로 여기는 범신론자인 스피노자는 그 자신을 자유로운 긍정주의자로 묘사한다. 그에게 있어서 악은 아무것도 아니었지만, 단지 내재적인 선의일탈이었다. 반면에 쇼펜하우어는 급진적인 염세주의자로서 그의 이론은 삶에 대한 의지의 부정에서 최정점에 이른다. 만약 어떤 사람이그러한 기준을 가지고 두 사상가의 사상들을 평가하고 그들의 이론들의 체계를 ─ 이것은 불행히도 모두 너무 전통적인 의미에서는 ─극단으로 옮기려 한다면, 사실 두 개념의 조화는 정말로 없다. 그렇지만 철학적인 실재는 다소 다른 것처럼 보인다. 쇼펜하우어가 그렇게 다루기 힘든 비관론자도 아니고, 스피노자도 그렇게 완전한 낙관론자는 아니었다. 인간은 모든 것을 부정으로써 나타내고 위대한 철학자들은 만약 그들이 인간의 본성 안에 있는 타고난 부정을 보여주지 못한다면, 그만큼 위대한 자들은 아닐 것이다. 쇼펜하우어 자신은우리에게 철학 교과서에서 제기된 이론들에 반대를 제기하는 데 충분한 새로운 통찰력의 열쇠를 제공한다.

참된 과학자는 그의 이론과 가르침으로부터 분리되어질 수 없는개인적인 요소와 함께 시작해보자. 래파포트는 쇼펜하우어가 스피노자와 같은 정신을 느꼈고 항상 그자신과 암스테르담의 사상가 사이의 유사점들을 발견하는데 힘썼다는 것을 강조한다. 그는 이상하게도 쇼펜하우어의 구스타브 프리드리히 바그너(Gustav Friedrich Wagner)의 *Schpeonhauer-Regser*[11]에서 발견될 수 없는 언급을 인용한다. "스피노자는 1677년 2월21일에 죽었고 나(쇼펜하우어)는 1788년, 즉 정확히 그가 죽은 후 111년(예컨대 100더하기 1/10번째) 2월 22일에 태어났다. 즉, 그의 죽음의 날(이것이 1000년에서 가능하다면)의 모든 수에 하나를 더하면 내 생일을 알 수 있을 것이다."[12]

스피노자의 개성과 철학사에서의 그의 위치에 관하여는 쇼펜하우어의 다양한 저작물에 널리 퍼져 있는 수많은 칭찬의 평가가 있다. 우리는 한 문장에서 그것들 중의 일부에 집중해야만 한다. "스피노자는 독창적인 사상가이다. 그는 그 자신의 라틴문체로 글을 썼다."[13] "그의 작품을 읽는 것은 즐거움이다."[14] "그의 모든 실수에도 불구하고 스피노자는 매우· 위대한 사람으로 남아있다……. 그는 *가장 최고도의 천재성을 소유했다.* 그러나 그는 철학자로서의 기술은 부족했다."[15] "우리는 이 위대한 정신 앞에서 그의 이전에는 단지 데카르트, 말브랑슈 등을 제외하고 거의 중요한 사상가들이 없다는 사실을 고려해야만 한다."[16] "(그는) 가장 비호감적인 환경 아래에서 내면의 충

---

11) Newly edited bty Arthur Hübscher (Struttgart: 1960).
12) Rappapott, loc. Cit., p.117.
13) Parerga und Paralipomena, II, 547.
14) *Ibid.*, I, 79.
15) *Welt als Wile und Vortellung, II, 742 Handschriftilicher Nachlass, Frauenstädt* edition of posthumous writings, p.434.

동으로부터 철학을 했다……. 그는 그의 시대나 세계의 어느 부분에
도 속하지 않았다. 그의 정신의 적절한 고향은 인도대륙이었다."17)
쇼펜하우어의 안목에는 이 마지막 언급이 가장 높은 칭찬을 구성한
다. 왜냐하면, 그가 힌두교와 불교 철학의 숭배자였기 때문이다. 그
는 다음의 것을 덧붙임으로써 이 사상을 더 깊게 발전시켰다. "브루
노와 스피노자에게는 예외사항들이 고려되어져야만 한다.(sc. 다른 후
기-르네상스 철학자들이 여전히 스콜라철학의 사상을 고수하려는 것과 비교하
면서) 그들은 그들 자신의 발로 서 있고 또한 모두 스스로 서 있다.
그들은 그들의 시대나 세계의 부분에서 속하지 않는다……. *그들의
정신의 진정한 고향은 거룩한 갠지스강의 해변이었다. 거거서 그들
은 유사한 지성의 사람들 사이에서 조용하고 꽤 존경받는 삶을 보낼
수 도 있었다.*"

Handschrftlicher Nachlass(1815)에서, 드레스덴(Dresden)에 머무는 동
안, 쇼펜하우어는 다시 스피노자가 "부적당한" 시대에 태어났다는 문
제를 받아들인다. 그 내용은 다음과 같다. "스피노자가 살았던 시대
는 그의 활동에 관해서 뿐만 아니라 그의 교육에 관해서도 비호의적
이었다……. 스피노자는 예술이나 본성을 몰랐고 (우리가 현대 물리학에
서 살펴본 것처럼) 그는 플라톤, 베다 그리고 칸트도 몰랐다. 그의 정신
적 범위와 그의 교육은 매우 많이 제한적이었다. *오늘날과 전적으로
얼마나 다른가!*" 모든 인류에게 있어서, 우리는 그의 본성이 존재를
목표로 하고 있는 것과 그가 존재할 수 있는 것과, 반면에 *그가 저해*

---

16) Parerga, I, 79.
17) Welt als Wile und Vortellung, I, p.504.

하는 환경 아래에서 그가 실제적으로 존재하는 것을 구분해야만 한다. 그러므로 식물의 종은 가장 적대적인 토양의 막대 근처에서 자라나고 있는 미개발된 단위와 구분되어져야만 한다. "심지어 천재의 현상에서조차 그렇게 커다란 범위로 우연의 힘은 그것의 부분의 역할을 한다. "심지어 천재의 현상에서조차 그렇게 커다란 범위로 우연의 힘은 그것의 부분의 역할을 한다."[18]

하이델베르그 대학의 교수직을 받아들이는 것에 대한 스피노자의 거절과 "진리를 포기"하는 대신에, 그의 "광학 유리를 가는 것에 대한 선호"[19]는 쇼펜하우어의 평가에서 높게 매겨졌다.[20] 그는 어느 공립학교가 서로 같은 특성으로 묶여있는 암스테르담의 독립을 보았다. 전에 언급한 것처럼, 쇼펜하우어는 그가 철학을 시작하자마자 스피노자를 공부했고, 그 사상가에 의해서 또 다시 깊이 매료되었다. 그를 공격하기를 강요받을 때조차도 그는 항상 경의를 표했다. "그의 가르침의 진리와 탁월함은 상당히 그의 증거와 기하학적 논증의 독립이다."[21] 이 진술은 그가 많은 본질적인 관점에서 그와 동일시하는 동안, 후기 칸트주의 철학자들이 그의 유대교의 후기 르네상스 동료

---

18) Handschriftlicher Nachlass, I, p.327. Italics ours.

19) 우리는 Carl Gebhardt, J. Freudenthal and과 Abraham Wolfson으로부터 많은 원천으로부터 알고 있다. 예를 들면, Spinoza: A Life of Reason(New York: 1969)), 비록 스피노자는 광학렌즈를 갈아 그의 초창기의 친구 Simon de Vries의 사후 그의 형제로부터 300플로린의 연금을 받았다. 그가 받지 못한 원래 연금은 500플로린이었다. Lewis Browne, Blassed Spinoza (New York; 1932)를 보라.

20) Parerga, I, 206 and On the Will in Nature, p.146.

21) Welt, I, 91, footnote; Parerga, I, 77.

와의 피할 수 없는 싸움에 대한 표어의 역할을 할 수 있다.

스피노자의 체계에서의 쇼펜하우어의 이성(ratio)과 원인(causa)의 혼동에 대한 쇼펜하우어의 관심은 먼저 베를린 대학에서 슐라이어마허에 의해 제기되었고, 쇼펜하우어는 그의 논문 "충족이유율의 네 가지 근원에 대하여"(Ueber die vierfache Wurzel des Satzes vom zureichenden Grunde)에서 이러한 사실을 언급한다. 거기서 2장의 전 문장이 스피노자에게 헌신된다.22) 우리는 다음과 같이 읽는다. "스피노자는 한 쪽으로는 이성과 결과 사이의 명확한 생각을 다른 한쪽에는 원인과 결과에 대한 명확한 생각을 가지고 있지 않았다는 것이 수많은 그의 저작들에서 입증되었다. 하지만 이것뿐만 아니라 이러한 관계의 혼동과 융합은 엄격하게 그의 체계의 기초와 연관이 있다.(*여기서 우리가 단지 논증적인 부분과 관련이 있다는 것은 잘 이해된 것이다.*)"23) 쇼펜하우어는 계속해서 말한다. "그는 실체, 신, 그것의 속성과 우연은 사고와 연장이라고 주장한다. 자, 실체와 우연은 판단에 있어서 주어와 술어를 연결시키는 외부세계이다. 모든 분석적 판단에 있어서 주어의 개념으로부터 그것의 모든 술어들이 그 뒤에 위치 한다. 그러므로 같은 관계가 또한 실체와 우연을 능가해야만 한다. 그리고 스피노자는 그것이 신과 세계 사이에 존재한다는 것, 즉 인식의 이성과 그것의 결과의 관계를 지지한다고 추정한다. 그러나 동시에 그는 모든 곳에서 신을 세계의 원인으로 부른다. "그 본성에서 어떤 결과가 생기지 않는 것은 아무

---

22) Paragraph 8, pp.9-10 in the orginal edition; re-edited and reproduced by Hübscher in 1966.

23) Our Italics.

것도 존재하지 않는다."(*Ethics*, I, Proposition 36, demons demonstration). "신은 모든 것의 내재적 원인이지 초월적 원인은 아니다."(*Ibid.*, Proposition 18) "신은 사물의 존재의 운동인일뿐만 아니라 사물의 본질의 운동인이기도 하다."(*Ibid.*, Proposition 25)" 더 나아가 "그러므로 확실히 한편에서 이성과 결과와 다른 한편에서 원인과 결과의 개념의 완전한 혼합은 그의 표상의 토대와 직접적으로 관련이 있다." 스피노자 체계의 논증적인 부분만을 강조하는 제한적인 언급은 젊은 쇼펜하우어가 스피노자의 우주의 고유의 내용에 대항하는 공격을 반대하는 것을 명확히 보여주는 것과 관련이 있다.

1814년의 원고 가운데 *Handschriftlicher Nachlass*[24)는 앞서 언급한 충족 이유율에 관한 주석을 포함하고 있고 그것은 다음의 스피노자에 관한 논의를 계속하고 있다. "그래, 그의 범신론은 모두 단지 이것(위에서 언급한)의 혼합일 뿐이야. 관념에서 그것의 모든 중요한(즉 셀 수 있는 분석적 판단을 통한 *명사*) 술어는 이미 포함(*implicite*)하고 있고, 관념은 그것들과는 기본적으로 구분되지 않으나 모든 것이 이성처럼 관념을 가지고 있다고 판단하는데 그것들을 표현함으로써 구분되어질 수 있고 지성적으로 분리될 수 있다. 그러므로 이 관념의 결과는 이성적인 것이다. 관념과 분석적 판단의 이러한 관계는 전적으로 스피노자의 소위 신과 세계의 사물의 관계 또는 더 좋은 것으로부터 발전된 것이다. 그러므로 이것은 결과에 대한 이성의 관계이다. 반면에 참되고 실제의 자연신학(theism)은(스피노자에게는 단지 명목상이다)

---

24)   Loc. Cit., pp.190-191.

원인과 결과의 관계를 지지하고 논리적으로 뿐만 아니라 그것 자체로 본질적으로도 항상 결과와 분리되어서 남아 있다……. 그러나 스피노자는 *신*의 용어를 그의 특수한 관계를 위하여 실체로 유지하면서, 심지어 그것을 특별히 *원인*이라고 부르면서 두 관계를 완전히 혼합했다. 즉 이성의 원리와 인과의 원리이다."(위의 책) 이곳에서 쇼펜하우어는 여전히 다른 꽤 흥미로운 결론에 도달한다. "그러므로 우리는 스피노자의 범신론이 *데카르트의 존재론적 증명의 변형*이라는 것을 안다. 이 사상가가 주장하는 것은 단지 주관적인(*subjectively*) 것이다. 즉 우리 스스로, 신의 존재를 논증하고 인식하기 위해서, 스피노자는 세계에 대한 신의 실제적 관계처럼 객관적인(objectively) 사실을 사용했다. 그는 *실제* 원인으로서 데카르트가 논리적인 이성으로만 단지 취했던 것과 신이 그의 원인이라는 것을 주장했다. 그리고 데카르트의 철학에서 신의 존재의 논변이 스피노자의 교리 *신 자신이 세계의 일부분이다*[25]라는 바로 그 사상을 포함하고 있는 것처럼 말이다. 조금 후에 쇼펜하우어는 계속한다. "그러므로 세계와 신의 관계는 그것으로부터 발전되어진 분석적인 판단을 나타내는 완전하게 정의된 사상의 그것처럼 정확하게 똑같고—그는 즉시 이 논증(*demonstration*)을 결과(*corollary*)로 연결시킨다. 신은 모든 사물의 운동인이다. 사실 인지적 이성과 인과율의 원리와의 혼동은 더 나아가지 못하고 그것은 더 중요한 결과를 가질 수 없다. 그것은 주제의 중요성을 입증한다."

---

25) Loc. cit. Our italics.

스피노자의 실재에 있어서 논리적 필연성과 그것의 인과적인 대응의 혼동은, 주요 구절은 쇼펜하우어의 논문에 나타나기 때문에, 『본성에서의 의지』(The Will in Nature), 『소론』(Parerga)에서 처럼 다른 작품들과 『세계』(Welt)[26] 등등에서도 반복적으로 언급되어진다. 그러나 쇼펜하우어는 이 "실수"를 스피노자의 체계에서 기하학적 방법의 사용 때문이라고 설명하는 경향이 있다.

『필사본으로 내려오는 문헌들』(Handschriftlicher Nachlass)[27]은 많은 특징적인 문장을 가지고 있다. "스피노자는 그가 알고 있는 것보다 더욱더 자주 기하학적 방식을 사용해왔다. 유클리드의 수학적 방법에서 인식의 근원은 논증의 방식과는 꽤 다르다. 관념과 개념으로부터 파생된 후자는 단지 부정의 원리에 따라서, 뒤따르는 이성의 위협에게 단순하게 논리적인 것이다. 반면에 인식의 근원은 지각이고, 그것에 의해서 *주어진 것의 원인*이다. 같은 방식으로 스피노자 철학의 근원은 *그에게 고유한 세상의 지각*이다. 그렇지만 그의 묘사는 지각에 대응하는 어디에서도 결과가 일어나는 관념의 논증에서 완전하게 그것의 독립에 이른다. 그렇지만 이러한 결과는 선결문제의 요구, 거짓된 결론 등등을 통해서, 그가 그의 논증에 대한 폭력을 함으로써만 얻어지고, 실제하는 것을 그의 논증의 결과로써 보여주는 그의 방법은 그가 확신할 때 고안되었다. 이것은 기하학적 진리와 똑같은 방식으로 발생하고 우리 앞에서와 모든 논증과 증명의 독립에서 확실한 것이다. 즉 순수하고 즉각적인 지각과 직관을 통하여 선험적인(a pri-

---

26) The Will in Nature, IV, 57 Parerga, I , 76f., 117 Welt, I, 91, footnote.
27) Handschriftlicher Nachlass, I 279 f.

ori) 통찰에 의해서이다."28)(후자의 언급은 쇼펜하우어가 좋아하는 사상이다. 그가 순수한 지각에 의해서 획득된 더 단순한 것으로 바꾸기를 제안했던 피타고라스 원리의 친숙한 증거에 대한 그의 거절을 기억하라.) 그러나 여기서 그는 계속한다. "이러한 과정이 수학에서는 옳은 것이고 우리가 다른 곳에서 보여준 철학에서는 그릇된 이유이다."29) 거기서 그는 말한다. "수학적 논증이 단지 이성에 의해서만 수행된다는 것과 그것들이 관념에서 관념으로의 단순한 연역과 발전이라는 것은 놀라운 것이다. 그럼에도 불구하고 동시에 실제적으로 논리적인 진리에서만 얻는 결과는 형이상학적(기하학적) 진리로 판명된다. 즉 추상의 궁극적 결론은 특수한 지각과 정확히 일치한다. 이것은 기하학적 지각이 일반적으로 타당하고 많은 것들을 포함하고 있다는 사실에 의해서 부분적으로 설명될 수 있다." 마지막 진술에서, 쇼펜하우어는 모든 실제적인 목적을 위해서 그 자신을 반박한다. 그 문단은 다음의 고려와 함께 끝을 맺는다. "만일 어떤 사람이 이러한 방법으로 형이상학을 생산하기 위해 모든 것을 원한다면, 즉 이성의 작용과 실제 지각의 보완이 없는 가장 일반적인 관념을 수행함으로써 그리고 순수하게 추상적인 형이상학적 개념들과 메타논리학의 원리에서조차 원한다면, 또한 내가 말하기를, 어떤 이가 주어를 생략하고 잊어버린 채 목적어만을 가지고 세계를 건설하고 분석하면서 설명하기를 원한다면, 더욱이 몰래 주어와 목적어를 함께 포함하는 과정을 원한다면 그렇다면, 이것은 우리가 모든 철학에서 발견하는 것처럼(칸트주의자를 예외로 하고),

---

28) *Ibid.*, Our italics.
29) Handschriftlicher Nachlass, V, 119.

순수하고 단일한 독단주의(*dogmatism*)를 묘사하는 것이다. 이것은 가장 오래된 그리스 사상가들의 전형이었고, 우리는 이것을 엘레아 학파의 단편에서 플라톤의 변증법 문장에서, 간단히 말해서 실제적으로 모든 곳에서, 그러나 특히 스피노자에게서 명백히 발견할 수 있다"[30] 암스테르담 철학자에 의해서 사용된 기하학적 방법에 관하여, 쇼펜하우어는 강조한다. ― 그리고 여기서 스피노자의 가장 위대한 숭배자가 그와 동의할 것이다. ― "그(스피노자)는 그의 관념을 명제, 논증 그리고 주해를 억압으로 묶는 것을 제안하는 대신에, 성실하고 자연적인 방법으로 더 좋게 제시해왔다."[31] 긍정적이고 부정적인 언급은 『의지와 표상으로서의 세계』, 『소론과 소품집』, 그리고 그의 사후 저작들에 모두 퍼져 있는 다음의 논평에서 섞여졌다.(Wagner-Hubscher Regster에 의해서 "스피노자"라는 명목 하에 확인이 쉽게 된다) "스피노자는 데카르트 학파였다. 주로 그의 철학은 그의 스승 데카르트에 의하여 제안된 이중 이원론, 즉 신과 세계, 몸과 영혼을 부정하는 것으로 구성되어 있다. 그는 단지 엘레아 학파의 갱신자이다. 그의 철학은 대상이나 추상적 개념들의 두 번째 종류로부터 나아간다……. 그는 로크 이전의 모든 철학자들이 전에 그것의 기원에 대한 조사 없이 관념으로부터 시작하는 실수를 공유한다. 그의 논증의 전적인 방법은 비조사적이고 너무 많이 일반화된 개념에 근거한다……. 그는 추상적인 것으로부터 지각적인 관념을 발전시켰고, 지각하는 인

---

30)　Handschriftlicher Nachlass, I, 279f.
31)　*Parerga*, I, 77; Frauenstädt ed. Of *Handschriftlicher Nachlass*, p.316; *Philo-sophical Lectures*, II, ed. By F. Mockrauer (Munich: 1913), D IX, 105 f.

지의 혼동으로부터 기인하는 것처럼 모든 일반적인 관념들을 설명한다. ― (그는) 논증의 방법에 의해서 원리들의 견고함으로부터 철학을 연역하기를 원했다. 그는 앞선 것으로부터 모든 명제를 결론 내린다." 그렇지만(그리고 이러한 언급은 모든 앞선 것의 논박처럼 들린다): "그는 꽤 올바르게 이성을 일반적인 관념을 형성하는 능력으로 특징짓는다" 이것은 지각이 스피노자의 체계에서 먼저 왔다는 것을 의미한다.

그의 학설에서 많은 현대 해석자들을 잘못된 길로 이끌었던 소위 스피노자의 순전한 합리론은 특별히 그가 초자연적(관념론)[32]인 것에 대한 암스테르담 사람의 거절을 언급할 때, 종종 충분하게 쇼펜하우어를 너무 짜증나게 했다. 그러나 우리는 유대인의 신비주의 특히 그가 그것을 예감했던 카발라[33]에서 스피노자주의의 기초에 관해서 아는 것을 제외하고 쇼펜하우어의 철학의 비범한 위업을 고려한다. 그는 『소론』에서 언급한다. "그의(스피노자의) 합리론의 기초는 계몽주의[34]를 숨겨왔을지도 모른다." 그리고 특별히 직관적 인식을 스피

---

32) Welt, II, 16-19.
33) Henty Walter Brann's essay, "Spinoza and the Kabbalah" in Hartwick을 보라.
    Review, III: 1 (Spring, 1967), 61-66. 여기서 스피노자의 체계는 명확하게 비교인 Kabbalah에 기초하고 있다는 것을 보여주고 있다. 또한 Stanislaus von Dunin-Borkowski,Der junge Despinoza. Leben und Werdegang im Lichte Weltphilosophie, 2 vols.(Münster: 1910)을 보라. 특별히 "Der Ursprung der Mystik-Kabbala und Urkeime des Spinozismus," pp.176-190을 보라. 또한 Sigmund Gelbhaus, Die Metaphysik der Ethik Spinozasim Qullenlichte der Kabbala (Wien-Brunn, 1917) and Gottfried Wilhelm Leibniz, Theodicy, orifinally pubblished in 1708을 보라.
34) Parerga, I, 11.

노자의 철학의 기초로서 강조한다.

1815년 원고에서 우리는 읽는다. "특히 라이프니츠와 그의 학교를 포함한 많은 철학자들을 통하여 추상적 인지를 명확하고 별개의 것으로 고려한다는 것은 주목할 만하다. 반면에 스피노자는 혼동된 인식으로서 직관적인 통찰력은 직관적인 관념들의 혼동으로부터 유래하는 추상적 인식이라 선언하고(윤리학 II proposition 40, schol. 1), 그것을 모든 실수의 근원으로 설명하기조차 한다는 점이 주목할 만하다. (위의 책 proposition 41, 논증)"35)

쇼펜하우어와 스피노자의 이론에서 본질적인 유사점과 공통의 개념을 드러내기 전에 우리가 『의지와 관념으로서의 세계』(*The World as Will and Idea*)의 저자에 의해서 스피노자주의의 평가에 있어서 실제의 실수와 모순을 언급하는 것은 적절한 것이다. 쇼펜하우어는 스피노자의 범신론은 이미 말브랑슈에 의해서 발견되었고, 그는 심지어 데카르트에게서보다 이 철학자로부터 더 많은 것을 배웠다고 주장한다.36)

래파포트가 보여준 것처럼37), 스피노자에 대한 말브랑슈의 영향에 대한 가설은 역사적으로 부정확한 것이고, 단순히 말브랑슈의 주요 작품 『진리를 향한 추구』가 늦어도 1674년에, 즉 그때는 오랫동안 윤리학이 종결되었던 때에(스피노자는 1677년에 죽었다) 나타난 것처럼

---

35) Handschriftlicher Nachlass, I, 328. 단 마지막 이택릴체의 어구는 우리의 것이다.

36) Parerga, I, 5 ff.

37) Op. cit, p.66.

보이기 때문이다. 그러나 단지 그 역은 사실이다. 말브랑슈의 기회원인론은 스피노자철학과 구별된 자취를 보여준다. 베를린 대학에서 공부하던 젊은 철학자 슐라이에르마허에 의해 쇼펜하우어의 실수는 야기되었다. 이상하게도 위에서 언급된 곳에서 쇼펜하우어는 말브랑슈의 "감추어진 계몽주의"에 관한 단어와 스피노자에 상응하는 현상에 관한 똑같은 단어를 사용한다. 래파포트에 따르면, 이러한 모든 상극인 언급들은 1811년과 1812년으로부터의 주석을 연구하는데서 나타난다.

상극이라는 말에 관하여 『윤리학』(*Ethics*)의 저자를 평가하는데 있어서 쇼펜하우어는 그가 스피노자를 진정한 실재론자로 불러야 할지 아니면 선험적인 관념론자로 불러야 할지에 관하여 결코 그의 생각을 완전하게 정하지 않았다. 『소론』에서 그는 말한다. "그(스피노자)는 무의식적인 유물론자였다. 그렇지만 그의 '물질'은 잘못 설명된 데모크리토스의 원자론적인 것과 프랑스 사람의 것이 아니다."[38] 같은 작품에서, 쇼펜하우어는 스피노자의 "선험적인 관념론"을 말하고 칸트에서처럼[39] 현상과 사물 자체 사이의 구별까지 말한다. 반면에 그는 스피노자가 "선험적"이라는 용어가 여전히 스콜라철학과 같은 의미로 사용한다고 주장한다. 더욱이 그는 주장한다. "그의 기본적인 실수는 그가 관념과 실제 사이, 즉 잘못된 출발점으로부터 객관적이고 주관적인 세계 사이에 선을 그었다는 사실로 이루어져 있다." 그것은 전적으로 관념적인 부분에 떨어졌고, 그는 표상(*representation*)의 세계에

---

38) Parerga, I, 75. Our italics.
39) *Ibid.*, I, 11 f,.87, 93.

서 멈추었다. 그는 그것을 확대한 것과 공간적인 것과 그것에 대한 우리의 관념으로 나누었다. 그런 후 그는 둘이 하나이고, 여기서 그가 꽤 옳다는 것을 보여주려고 노력한다.[40] 때때로 쇼펜하우어는 스피노자 학설이 명백하지 않고 희미함을 강조한다. 그러나 우리가 잘 알고 있지 않은 다른 사상가들에 대해서 얘기하고 있을때 불분명하고 모호한 것에 대한 부담을 가질 필요가 없는 것 처럼, 여기서 그에게서 보여진 이들보다 어떤 철학자이든지간에, 그 철학자의 대한 더 큰 반대를 우리는 상상할 수 없다. 그러나 무의식의 매혹과 스피노자와 동일화는 쇼펜하우어가 암스테르담 사람의 그것들과 함께 그의 기초적인 관념들과 직면할 때마다 거칠게 정형화된 반대에 관해서 발생하는 것을 피할 수 없었다.

그렇지만 실제적으로 두 철학자의 기본적인 원리들이 나타나는 것처럼, 서로서로 다를 수 있는가? 그들을 분리하는 것보다 다소 그들을 더 강하고 더 깊게 결합하고 연결시킬 수 있지 않을까? 만약 우리가"쇼펜하우어의 체계는 단지 전이된 스피노자주의다"[41]라고 주장한 어니스트 클레멘스까지 가지 않는다면, 이러한 진술은 많은 진리를 포함하고 있다. 스피노자 철학의 기본적인 관점인 신체와 정신의 형이상학적 단일성의 이론은, 본질적으로 쇼펜하우어의 다색의 신비한 의지와 일치하여, — 종종 잊혀진 사실이지만 — 그것은 칸트의 사물 자체의 개념과 일치한다. 의심할여지 없이 형이상학적으로 주어

---

40) *Parerga*, I, 12 f., 9, 10, 21, 71(our italics); *Satz vom Grunde*, p.33; ed. Frauenstädt, pp.316 f.
41) Op. cit., p.12.

진 세계의 단일성의 관념은 스피노자의 영원한 실체(*substantia aeterna*)의 개념과 일치한다. 젊은 쇼펜하우어 그 자신[42]은 우리의 관심을 이것으로 향하게 한다. "사람들은 스피노자의 영원한 실체와 함께 의지의 나타남으로 여기서 논증된 세계의 단일성을 어쨌든 비교해야만 한다."

거의 같은 의미로 토마스 아퀴나스에 의해서 처음으로 사용되어진 스피노자의 대단히 인상적인 개념인 능산적 자연과 소산적 자연은 쇼펜하우어의 기본적인 용어의 일반적인 저장고 속으로 받아들여졌고 그러므로 그의 작품 모두에 퍼졌다. 이것은 그가 질문한 1816년의 원고에서 시작한다. "그것들이 우리의 관념이라는 사실을 제외하고 사물이 무엇인가?, 후자의 독립에서 그것들은 무엇인가, 그것 자체에 있어서 그것들은 무엇인가?" — 단지 우리는 우리자신들을 의지로써 인식한다. 이것은 모든 사물들의 핵심이다. 이것은 '바로 내부의 중심에서 같이 유지하는 세계'이다. 문장은 이 언급을 따른다. "의지는 능산적 자연(*natura naturans*), 관념은 소산적 자연(*natura naturata*)이다"[43] 이러한 스피노자식 용어들이 사용된 주요 문장은『본성에서의 의지』I,『세계』그리고『소론』I 과 II에서 발견되어지지만 철학자들이 인식된 것[44]이라고 부르는 미숙한 약간의 첫 번째 각주에서조차 발견되어진다.『본성에서의 의지』의 한 장을 이루면서 논문 "동물들의 자기

---

42) Handschriftlicher Nachlass, I, 261.
43) *Ibid.*, I, 347. 단일하게 인용된 어구는 Geothe's Faust에 나타난다.
44) *Welt*, II, 194, 367, 655; *Will in Nature*, p.111; *Parerga*, I, 122, 123, 327; II, 97, 430, 685, Urbuch Cogitata, 44 f.

작용과 마술"에서, 능산적 자연(*natura naturans*)과 소산적 자연(*natura naturata*)은 특별히 중요한 역할을 한다.[45]

범신론에 대한 부정적인 언급, 특히 19세기의 초기 전반에 유행했던 쉘링과 다른 철학자들의 질이 떨어지는 것에 대한 부정적인 언급에도 불구하고 쇼펜하우어는 기본적인 스피노자식의 형태 안에서 많은 가치가 있는 특징들을 발견한다. 그리세바흐(Grisebach)는 분명히 클레멘스를 제외하고 대부분의 전문가들이 놓친 다음의 관찰을 쇼펜하우어의 작품에 대한 그의 판에서 인용한다. "자연신학적인 교리에 대한 그의 훌륭한 승리에 의해서 칸트는 범신론에 대한 길을 닦아 놓았다. 농작물을 위해 잘 경작된 들판처럼 그는 그것의 용인을 위해서 그의 시대정신을 준비해 왔다."[46] 더 나아가 우리는 읽는다. "범신론은 모든 것 안에 있는 바로 그 사상 위에 기초하고 있다. 그러므로 모든 신비주의에 대해서 범신론은 필연적인 것이다"[47] 쇼펜하우어는 또한 가장 돋보이게 하면서 지오르다노 브루노, 스코투스 에리게나, 피타고라스의 범신론, 스토아 철학과 그가 "오르페우스의 인도의 형태"라고 부르는 범신론을 언급한다. 그는 그것의 윤리적 낙관론 때문에 다음의 고려사항과 함께 그가 거절했던 곳에서조차 스피노자의 세계의 "신격화"를 변명한다. "질서와 전체의 불멸성을 보면서 사

---

45) Henry Walter Brann, "The Role of Para[sychology in Schopenhauer's Philosopy," in Inrenational Journal of Parapsychology, VIII: 3 (1966), 399-400을 참조.

46) Clemens, loc. cit., p.16: Grisebach ed. of Schopenhauer's work, IV, p.18.

47) Welt, II, 704, 739; *Die beiden Grundprobleme der Ethik*, p.269; Will in Nature, p.123.

람들은 적어도 상징적으로 신을 위한 세계를 선언할지도 모른다."[48] 그의 작품의 몇몇 구절에서 쇼펜하우어는 스피노자의 범신론의 완전한 객관적 평가를 내린다. "스피노자는 이 세계의 가지각색의 현상은 그것자신들을 묘사할지도 모르지만, 그것들 모든 것 안에서 나타나는 하나의 유일한 실재만 있었다는 사상을 깊이 확신했다." 그러므로 그의 철학에서 창조주로서의 신은 세계 그 자체에는 있을 장소가 없다. 왜냐하면 그것은 그것 자신의 힘을 통하여 존재하기 때문이고 그에 의하여 신이라고 불려지기 때문이다.[49] 『의지와 표상으로서의 세계』의 제2권의 "Epiphilosophie"라고 제목 붙여진 장에서, 쇼펜하우어는 암스테르담 사상가와의 중요한 동의를 강조한다. "왜냐하면, 유비적인 방법으로 스피노자가 한 것처럼, 내 체계 안에 있는 세계는 그것의 내부 힘과 스스로에 의해 존재하기 때문이다." 이것은 의미한다. 쇼펜하우어의 개념에서 또한 세계, 즉 세계로서 나타나는 "의지"는 그의 원인(causa sui), 자유, 그 자체의 절대적 원인이다.

그의 논문에서 클레멘스는 두 철학자의 기본적인 교설에 대한 확신하는 병행을 고안한다.

스피노자	쇼펜하우어
단지 유일한 것	단지 "의지"
제한적 영원한 실체	그리고 그것으로서의 관념
그리고 그것의 속성	나타남의 형태

---

48) Welt, II, 678.
49) Schopenhauer-Register, ed. Wagner-Hübscher, p.388.

스피노자의 실체와 쇼펜하우어의 의지는 모든 실제 사물의 근원적인 원인을 형성하는 최고의 실재적 존재(entia realissima)이다.50) 드레스덴 원고에서 우리는 젊은 쇼펜하우어의 다음의 진술을 발견한다. "스피노자의 신의 속성으로서의 외연은 의지이고, 신의 속성으로서의 인식은 관념이다. 그러나 후자는 의지, 즉 관념으로서의 의지자체가 객관적이다. 그러므로 외연과 인식은 하나이고 같은 방식으로 실체는 동시에 그것 아래 있다. 동시에 그것 아래 있는 속성은 이해된 것이다."51) 그 문장은 갱신된 확언으로 끝난다. "능산적 자연(natura naturans) 의지이고, 소산적 자연(natura naturata)는 관념이다" 래파포트에 따르면, 쇼펜하우어는 단지 그의 철학적 발전 동안에만 스피노자의 외연(extensio)과 그의 "의지" 그리고 암스테르담의 "인식"(cogitatio)과 그의 "관념"을 동등하게 생각한다. 후에(1832) 그는 "외연"과 "물질"을 동일화했다. 그렇지만 단지 그의 "자연 안에 있는 의지"이다.52) 참으로 울프손(H. A. Wolfson)에 의해서 설명된 것처럼53), 스피노자는 아리스토텔레스의 의미에서 "외연"과 "관념"의 개념을 사용했고, 마이모니데스(Maimonides)의 "물질"과 "형상"의 개념을 사용했다. 둘은 신의 속성 또는 영원한 실체이다. 윤리학 I, definition 4에서 "외연"과 "사유"는 "실체의 지적 형태 — 그것의 본질의 관념으로써"의 추상적 개념으로 말해진다. 그러므로 만약 쇼펜하우어가 스피노자를 "외연"

---

50) Will in Nature, p.144; Welt, II, 398.
51) Handsschriftlicher Nachlass. I, 327-328.
52) Rappaport, op. cit., pp.37-38.
53) Harry Austyn Wolfson, The Philosophy of Spinoza (1961), pp.215-261.

과 "인식"에서 실체를 구분한 것에 대해 비난한다면, 외연이 관념을 위해서 그리고 관념 안에서 존재하기 때문에 그는 열려진 문에 집중한다.[54] 래파포트는 쇼펜하우어는 스피노자의 "속성"의 성격을 충분히 설명하는 것을 발견하기 위해서 헛되이 노력해 왔다고 꽤 옳게 주장한다. 더욱이 스피노자의 "인식"을 "관념"으로 번역하는 것 자체가 전자의 용어가 사실은 "의식"을 의미하고, 때때로 "영혼"을 의미하기도 하기 때문에 부정확한 것이다. 클레멘스가 처음에 보여준 것처럼, 인식의 이론에 대한 스피노자와 쇼펜하우어의 놀라운 일치가 있다.[55] 스피노자가 마이모니데스와 카발라[56]에서 차용한 인식의 직관에 대한 유명한 개념은 (플라톤적) 관념 속으로 그리고 "인식의 순수한 주체"의 이론에까지 통찰하는 개념적인 인식으로부터 진행하는 쇼펜하우어의 학설과 대응되는 것이다." 쇼펜하우어의 모든 저작에는 많은 문장이 있다. 거기서 그는 말한다. "직관은 모든 깊은 인식, 모든 지혜와 진리 그리고 모든 예술과 과학의 기초의 근원이다……. 그것은 어떤 의심이나 실수와도 종속되어 있지 않으며; 그것은 순전하고 감소되지 않는 실체이고, 모든 부정이 바로 그 본성과는 이질적인 것이다"[57] 그리고 더 나아간다. "직관적이고 추상적인 인식 사이에 중요하고 모든 것을 아우르는 큰 차이점은 현재까지 충분하게 연구되지 않았다."[58]

---

54) Parerga, I, 77 f.
55) Loc. cit., p.51 ff.
56) 카발라는 의심할 여지없이 플로티누스의 유출설의 영향을 받았다. Also footnote 30 of this paper를 보라.
57) Schopenhauer-Register, p.13, column 1.

인식의 단순한 주체의 이론과 연결지어서, 쇼펜하우어는 강조한다. "이것은 그가 기록하였을 때, 스피노자의 생각에 이른 것이다. "정신은 영원한 것이고, 어느 정도 영원한 종 아래 사물을 인식한다."59) 쇼펜하우어에 따르면, 순전히 의지 없는 명상은 스피노자의 직관적 인식60)의 대응인 대상의 예술적 지각과 동일하다. 그러나 심지어 윤리학의 분야에서 조차 두 사상가들 사이에서 강한 차이가 발견된다. 그럼에도 불구하고, 윤리학이 관련된 인식의 연결의 교설에 관한한 예기치 못한 일치가 있다. 스피노자의 "신의 사랑은 지성적인 것이다"는 단지 "직관적 인식"으로부터 얻어낼 수 있다. 그리고 가장 높은 도덕적 성취는 심오한 명상과 방해받지 않는 인식에 의해서만 얻어질 수 있다. "최고의 선은 신의 인식이고 최고의 인간의 정신은 신을 인식하려는 것이다."61) 지식의 최고로까지의 상승은 또한 쇼펜하우어의 학설에서 가장 높은 윤리적 완전성을 수반하고 있다. 그러므로 그는 강조한다. "인식은 모든 개선적이고 도덕적인 향상의 모든 분야와 영역에 홀로 놓여있다."62) 더 나아가 "통찰의 올바름은 인간의 성격이 자체가 순전하고 불변이라는 것을 보여주기 위해서 필연적이다."63) 그리고 "더욱더 천재가 되어가는 윤리적인 관점에

---

58) *Ibid.*, p.30, column 2.
59) Welt, IM 211 Parerga, I, 509.
60) Clemens, op. cit., p.59.
61) Cf. *Ethics*, IV, prop. 28; V. prop. 32, coroll, and prop. 33 on "amor Dei intellectualis."
62) Die beiden Grundprobleme der Ethik, p.52, p.254. Italic ours.
63) Welt, II, 690; Grundprobleme der Ethik, p.208.

서, 천재의 본보기인 그 자신의 본성과 고통을 고려하는 것처럼, 인간에게 구속의 가능성을 제공하는 것은 인식뿐이다."[64] 그것은 윤리적 완전의 필요조건으로서 지적인 용기에 관하여 마이모니데스로부터 스피노자, 쇼펜하우어에 이르는 곧은 선이 있는 이상한 현상으로써 일어나게 한다.

쇼펜하우어와 스피노자가 자유롭게 동의하는 중요한 이론은 모든 인간의 행동을 포함하는 모든 사건의 결정론이다. 이것을 요약하면서, 그의 주요작품[65]과 『윤리학의 두 가지 근본문제』(*Die beiden Grundprobleme der Ethik*) 안에 있는 의지의 자유를 철저하게 연구하면서, 쇼펜하우어는 말했다.[66] "결정론은 확실한 것이다. 1500년 이상 헛되이 노력해 왔던 이러한 잘 조직된 사실을 엎는 것이다."[67] 그리고 "의지의 자유는 모든 무지한 사람의 일시적인 생각이다. 모든 행동의 엄격한 필연에 대한 통찰은 철학적인 마음과 다른 것들을 구별하는 경계선이다."[68] 마지막으로 "철학자들 중에서 홉스는 먼저 이 문제를 풀어왔다. 스피노자, 흄, 프리스틀리와 볼테르는 똑같은 생각을 해왔다. 칸트는 설립된 사실로써 행위의 필연성을 고려한다.[69] 스피노자는 신학자들 사이에서 가장 커다란 분노를 일으켰고, 암스테르담 유대공동체로부터 추방되는 원인이 되었다. 왜냐하면 그는 신조차 모

---

64) Schopenhauer-Register, p.282, column 1.
65) Welt, I, 337 ff.
66) Page 1 ff.
67) Welt, II, 365.
68) *Parerga*, II, 470; *Satz vom Grunde*, p.154 f.; *Grundprobleme der Ethik*, p.59, p.182.
69) See Schopenhaauer-Register, p.110, column 1 and passim.

든 발생하는 것들의 확고한 필연성에 포함시켰고, 신의 본성으로부터 자유의지와 의도를 제거했기 때문이다.[70] 이런 것과 함께, 그는 무에서부터의 창조라는 근본주의적 랍비식 기독교 교리를 부정한다. 그러나 울프슨이 보여준 것처럼, 스피노자는 전통적인 종교로부터 그의 급진적인 이탈을 알지 못했다.[71] 쇼펜하우어와 관련이 있는 한에 있어서, 자유의 이론, 즉 더 좋은 의지의 무자유의 이론은 쉽게 스피노자의 윤리학에서 구체화될 수 있었다. 만약 그가 칸트로부터 취해진 경험적이고 "지성적인" 특성의 반대를 소개하지 않았더라면, 개념은 완전히 스피노자에게 이질적인 것이다.

쇼펜하우어는 그 자신과 스피노자의 철학에서 유사점을 발견하기 위해 충분히 나아갔다. 그는 암스테르담 사람에게 시간의 "관념성"[72]에 대한 그의 이론의 "예감"을 돌린다.[73] 만약 의식이 있었다면, 그는 또한 위대한 칭송과 함께 던져진 돌은 그자신의 방법으로 확실히 날 수 있다고 믿을 것이라는 스피노자의 반어적 진술을 언급한다.[74]

---

70) 동시대의 원천인 Maximillen Lucas에 따르면 젊은 스피노자는 그의 전통적인 신학의 율법주의와 탈무드의 결의론에 대한 의심을 가진 그의 선생님을 강조했다. 왜냐하면 그는 세계와 신에 대한 관계에 대한 답을 받지 못했기 때문이다. 그는 일찍이 신을 포함하는 결정론과 그의 "실수"를 고백하기를 거절하는 결정론에 이르는논리적인 추론으로만 믿을 것을 결심했다. 그러므로 마지못해서 랍비들은 그를 파문시킬 것을 강요했다. Abraham Wolfson, Spinoza, A Life of Reason, pp.47-70. Cf. also: Dunin-Borkowski's book을 보라.

71) H. A. Wolfson, loc. cit. II 345-349.

72) Parerga, II, 43.

73) Ibid., I, 145.

74) Welt, p.150, 597; Grundprobleme der Ethik, p.76.

지금 우리는 이 시간까지 철학사가들에 의해서 간과된 것처럼 보이는 극도로 중요한 사실로 접근하고 있다. "낙관론자"라고 주장되는 스피노자와 "비관론자"라고 주장되는 쇼펜하우어는 그들의 철학의 가장 중요한 부분이라고 불리워질지도 모르는 분야에서는 완전히 동의하고 아마도 가장 오래 살아남을 것이다. 두 명의 철학자 모두는 인식적 통찰력과 실천적 지혜의 가장 높은 목표인 감정과 정념을 극복하는 것을 고려한다.

　그의『윤리학』3권에서 스피노자는 철저하게 인간의 감정과 정념의 분석에 헌신하고, 제4권은 이러한 "감정"들 때문에 소위 "인간의 노예"를 극복하는데 헌신한다.

　그의 부분에서, 쇼펜하우어는 "삶에의 의지"의 멸종과 그의 철학의 최절정인 감정의 영원한 순환의 제거를 본다. 두 사람은 스피노자에 의해 "행복과 덕"이라고 명명된 인간의 욕망과 정념으로부터 절대적 자유의 상태에 도달하는 것을 목표로 하고 있다. 하지만 쇼펜하우어는 불교의 니르바나의 완전성 속에서 현실화를 본다.『윤리학』의 4권에서(propositions 1-18), 스피노자는 감정이 단지 지식이나 의지에 의해서 제거될 수 없으나, 단지 좀 더 강한 것으로 증명된 또 다른 감정에 의해서는 제거될 수 있다고 강조한다. 식욕이나 욕망과도 같은 의지는 존재에 있어서 보존되는 경향(자존성)을 의미하기 위하여 그에 의해서 전에 정의되어 진 적이 있다. 75) 본성에서 다른 철학적 힘처럼 감정은 우주의 영원한 질서의 필연성으로부터 따라 나온다. 때때로

---

75)　Ehics, III, porp. 9, schol

감정은 서로서로 가로지르고 본성의 다른 물리적인 힘이 그런 것처럼, 서로서로에게 갈등으로 나타난다. 그리고 본성의 물리적 힘이 갈등의 경우에서처럼 악한 고통 받는 것이다, 그의 감정의 갈등과 더 약한 사람에 대한 더 강한 감정의 피할 수 없는 승리가 악한 고통을 겪게 되는 것이다. 그 결과 악을 겪거나 아프거나 그자신의 보존에 대한 그의 행위가 감소할 것이다.76) 이것은 스피노자에 의해서 "인간의 무기력과 안정성의 원함" 즉 "감정을 다스리고 제한하는 무기력한 인간"으로 묘사되었다.77) 이것은 그의 "노예상태"를 구성하고 있는 것이다. 왜냐하면 자신의 감정에 자비로운 인간은 *"그 자신의 주인이 아니라, 요행에 의해서 지배받는 것이다. 그의 힘은 그러므로 비록 그가 그 앞에 있는 더 좋은 것을 본다 할지라도 더 나쁜 것을 종종 따르게 되는 것이다"*78)

이러한 문장들에서 어디에 암스테르담의 철인의 "낙관론"을 더 많이 비난하는 것이 있는가? 확실히 인간의 불행에 대한 묘사에서 쇼펜하우어는 비록 그가 강조하지만, 그가 "실수"와 "잘못"을 발견하려고 믿는 곳의 스피노자의 압도적인 이러한 문장에서 예리한 논평보다는 때때로 이러한 언급에 의해서 깊이 인상을 받았다. 그러나 이것은 또한 인간의 본성에 내재적이고 그것은 사람에게 어떤 사람이 위대한 천재라고 고려되는 경멸과 조롱거리와 함께 사상가들을 덮는 이상한 만족을 제공한다.

---

76) H. A. Wolfson, loc. cit. II, 231 f.
77) Ehics, IV, prop. 18, schol. Italics ours.
78) *Ibid.*, IV, Praefatio. Italic ours.

감정적인 강박의 슬픈 딜레마로부터 벗어날 수 있을까? 그렇다. 스피노자는 말한다. 이성과 그 근원적인 통찰은 사람들이 그 자신의 감정의 맹습을 극복하는데 도와줄지도 모른다. 스피노자에게 있어서 이성(ratio)은 인식의 더 높은 형태이다(그는 그것을 인식의 "두 번째 종류" 라고 부른다). 감정의 위험한 공격에 반하여 이성은 우리 눈에 갑자기 위험한 접근이 있을 때 우리의 눈꺼풀이 닫히는 것과도 똑같은 방식으로 행동이 나오게 된다. 이성은 본성의 게임을 지배하는 인식이다. 이러한 의미에서 인식은 덕이고, 덕에 일치하는 삶은 인식에 따르는 삶이 된다. 이러한 이성의 작용이 "이성의 명령"에 대한 설명을 통해서 스피노자에 의해서 제안되었는지를 보여준다.[79]

쇼펜하우어는 감정의 이론을 어떻게 이해하는가? 그는 단순히 스피노자가 후기 르네상스의 언어로 말했던 것을 현대 표현의 용어로 되풀이한다. "비록 일시적이긴 해도 그것(감정)들은 억제할 수 없으며, 동기가 우리에게 힘 있게 작용하며 모든 반동기적인 것들을 제외할 때에는 언제든지 발생한다. …… 그러므로 감정에서 의지는 베일이 벗겨져서 나타나고, 그것은 완전히 확신한다. …… 감정은 지성을 혼란시킨다. 그들은 인식을 흐릿하게 하고 사물에 대한 직관적 인식조차 왜곡한다. 지성의 증가와 함께 감정은 같은 비율로 높아진다. 그러나 그들은 똑같은 방식으로 이성에 의해서 검사된 상태를 유지될 수 있다. 그러므로 우리는 그것들에서 의지의 것보다 더 많은 지식의 힘의 실수를 보게 된다. …… 감정으로부터 통찰로의 이행은 많은

---

79) *Ibid.*, prop. XVIII schol.

노력을 요구한다.[80] 이러한 관계 속에서 쇼펜하우어가 스피노자의 『지성개선론』의 서문을 인용하고 주장하는 것은 흥미롭다. "훌륭한 서문은 정념의 폭풍을 달래는 가장 효과적인 방법이다" 이것은 또한 다음과 같이 주장한 가디너에 의해서도 발견된다. "그 당시의 문장에서 스피노자의 추억의 향기를 가지고 있다. 쇼펜하우어는 인간의 상태를 마지막으로 여전히 있는 '정념들의 폭풍'으로 묘사한다.[81]

인간의 행동에 관한 스피노자의 감정의 이론과 쇼펜하우어의 주의설(voluntarism)은 이미 현대의 깊은 심리학의 가치를 가지고 있는 모든 것을 포함한다. 울프손은 많은 해석자들을 당황스럽게 한 스피노자의 주요작품 『윤리학』의 제목이 윤리학의 붉은 것 아래에서 심리학의 모든 영역을 포함하는 고대와 중세의 철학자들의 습관에 의해서 설명되어질 수 있다는 사실을 환기시켰다. 버트란트 러셀은 그의 서양 철학사에서 사상가들의 사생활을 *bon vivant*라고 암시하면서 "쇼펜하우어의 포기의 복음은 매우 일관된 것도 아니고 매우 신실한 것도 아니라고" 지적한다. 그러나 그의 의지에 대한 이론의 중요성은 강조한다. "비관론보다 더욱 중요한 것은 의지의 우월성의 원칙이다……. 하나의 형태나 또는 다른 것에서, 의지가 탁월하다는 원칙은 특히 니체, 베르그송, 제임스와 듀이와 같은 많은 철학자들에 의해서 주장되어져 왔다. …… 이러한 이유 때문에, 불일치와 어떤 피상적임에도 불구하고, 그의 철학은 역사적인 발전의 단계에서 상당히 중요한 것이다"[82]

---

80) Schopenhauer-Register, p.4. Our italics을 보라.
81) Gardiner, loc. cit., pp.285-286.

우리는 쇼펜하우어가 암스테르담의 철인은 존경하고 역행할 뿐만 아니라 그를 많은 면에서 그의 선구자로서 고려하는 것이 증명되었다 믿는다.[83] 더욱이 그는 자주 성인에 대한 묘사를 스피노자주의자들의 표현에 자주 사용한다.[84] 그리고 그가 스피노자의 방법론을 공격하는 곳에서조차 그는 스피노자 시대에 널리 퍼진 비호감적인 상태에 대한 그의 "연약함"을 비난하면서 후자의 위대함과 독특한 천재성을 강조한다. 그렇지만 우리가 완전히 소홀히 할 수 없는 훈장의 일그러진 역전이 있다. 쇼펜하우어는 형이상학적 반 셈족주의자였다. 그는 그가 거의 알지 못했던 유대주의를 혐오했고, 그것의 낙관론과 실재론 때문에 다소 이상한 관념을 가지고 있었다.(그것은 젠드 (Zend) 종교에서 기원되었고, 그는 『소론』의 두 번째 부분과 『세계』의 제2권에서 주장한다.) 스피노자가 쇼펜하우어의 의지의 부정의 원칙과 그것의 동정의 도덕에 반대되는 의견을 표명할 때마다. 후자는 주장한다. "스피노자는 완전하게 그의 유대인임을 눈물 흘릴 수 없다" 그리고 사회법의 분야에서 홉스의 개념을 따르면서, 스피노자가 인간과 같은 상태로서 동물을 다루지 않을 때에 그는 분노한다. 그런 후 그는 *"유대인들의 고약한 냄새"*에 관하여 말한다. 우리는 또한 쇼펜하우어의 사설 도서관에 있는 스피노자의 작품에 대한 하찮은 주석을 비난하고 조롱하는 가운데 몇 번 "유대인들을 보라!"라는 표현을 발견한다.

---

82) A History of Western Philosophy, pp.757-759.

83) Grisebach, loc.cit.,III, 455.

84) Welt, I 492; Frauenstädt edition.

유대주의와 함께 쇼펜하우어는 유대 가르침을 합병시키는데 있어서 기본적으로 기독교를 많이 비난하고 다음을 강조하면서 스스로 중심을 잃는다. "앞선 문화가 우리 자신에 기본적은 것으로 운명지어진 나라는 단지 이 유대인들이었다는 불행이 고려되어야만 한다."[85] 모세의 형상은 특히 그에게는 증오할 만한 것이다. 우리는 『소론』에서 읽는다. "선민들이 금 그릇을 이집트로부터 훔쳤고 *살인자 모세*의 인도에 의해서 약속의 땅으로 나아갔다."[86] 그러나 한번은 쇼펜하우어가 어쩔 수없이 인정하는 것을 성나게 했다. "작은 유대민족은 여전히 기적적으로 고향이 없이도 존재하고 비길데 없는 완고함과 함께 국적을 유지한다."[87] 유대주의에 대한 쇼펜하우어의 이상한 태도를 자세히 조사하는 것이 홍미로운 것일지도 모른다. 그의 가장 친숙한 친구이며 그의 가장 열렬한 제자가 된 율리우스 프랜우쉬타드(Julius Frauenstädt)는 유대인이었다. 또한 그의 다른 좋은 친구 즉 엠덴(Emden), 린드너(Lindner)와 아셔(Asher)도 그러하다. 이 문제는 특별한 분석할만한 가치가 있다.

요약한다면 다음과 같다. 쇼펜하우어의 유작의 휴브쳐의 새 판을 통하여 가능하게 만드는 부분적으로 알려지지 않는 자료를 되돌아보면서, 우리는 다음과 같은 결론에 이르게 된다. 모든 분리된 그들의 철학적인 태도에도 불구하고, 스피노자의 개념은 그들의 기초 학설의 유사성을 창조하면서, 『의지와 표상으로서의 세계』의 저자에 대

---

85) Welt, I, 274.
86) Parerga, I, 137 f.; footnote, and II, 382, footnote.
87) Parerga, II, 278 f.

해 심오한 영향을 미쳐왔다. 모든 외관과 쇼펜하우어 자신의 주장에 반하여, 그의 체계에서는 칸트주의보다는 훨씬 더 많은 스피노자주의가 포함되어 있다. 칸트에 대한 쇼펜하우어의 반응은 데카르트에 대한 스피노자의 것과 어느 정도 유사하다. 두 사람 모두 그들의 선조의 훌륭한 이성에 의해서 영향을 받았다. 그러나 어느 정도 그들의 체계에서 풀리지 않는 이원론에 의해서 불만을 갖게 된다. 그리고 그들은 단일화된 세계의 관점으로 나아가려고 애를 썼다. 스피노자가 데카르트주의를 유대 신비주의 특별한 형태로 합병시킴으로써 이성적 일원론의 그자신의 형태를 발견하는 동안, 쇼펜하우어는 스피노자의 개념에서 그의 일원론적 주의주의(voluntarism)의 근본적인 주의를 발견했고, 칸트의 인식론과 이러한 사상들의 다소 놀라운 합병을 위해 노력했다.

IV

스피노자와
니체

선구자, 그것도 엄청난 선구자를 알게 됨에 나는 완전히 경악했으며 또한 완전히 매혹되어버렸다. 나는 스피노자를 거의 몰랐었다. 나와 유사한 그의 전체적인 경향 즉 인식을 가장 중요시 여기는 점뿐만이 아니라 내가 인식하는 그의 다섯 가지 이론들까지도…… 그는 의지의 자유, 목적론, 도덕적 세계질서(the moral world order), 반이기주의 (unegoistic), 그리고 악(evil)을 거부한다. 차이점들이 명백하게 어마어 마함에도 불구하고 그것들은 시간과 문화 그리고 과학에 의해서 더 차이가 벌어진다.(Nietzsche to Overbeck, July 30, 1881)

니체와 스피노자의 관계는 굉장한 관심거리인데 그것은 단지 아주 복잡하고 풍부하게 양면가치적인 이유뿐만이 아니라 니체와 스피노자 둘 모두에 관계된 계몽적인 이유 때문이다. 그리고 우리가 그것들을 매우 중요하게 평가하고 그것들에 책임감을 가져야하는 것을 추구하는 것처럼 우리는 우리가 얻을 수 있는 모든 도움을 필요로 한다.

나는 그들의 상호관계를 살펴봄으로써 이 글에서 그들을 이해하기위한 무엇인가를 기여하고 싶다. 지금부터 나는 그들의 감정들에 대한 이론들과 유명한 스피노자의 코나투스 그리고 마찬가지로 유명하며 대조적인 동시에 필적하는 니체의 힘의 의지에 대한 문제점들에 대해서 유용한 것들을 언급할 것이다.

1.

서양 근대 철학은 적어도 막연히 우리 인간의 본성이라고 불려지는 것과 관련해서 2가지 기본적인 과업을 수행해 왔다. 이러한 전통은 그것을 기독교의 지배로부터 해방시키려고 몸부림친 것과 같기 때문이다. 니체는 이것을 다음과 같이 묘사했다, "인간을 자연으로 되돌리기 위해서"(BGE 230) ─ 그리고 그런 후 또 다시 그것으로부터 우리 자신을 읽기 위해서, 그리고 이것은 단지 실존의 본성적 형태보다는 본성적인 것으로서 더욱 주장될 수 있는 것이다. 이러한 2가지 과업 외에 3번째가 이 근대 전통에서 적어도 몇몇의 철학자들에 의하여 더하여져왔다. 일반적인 의미의 인간성과 그들이 기독교 안에서 타락과 구원이라는 용어로서 표현되어진 것을 얻기 위해서(그러나 단지 특별한 조건 아래에서 그렇게 할 수 있고 얻을 수 있다.) 그것들 사이의 차이점의 세속적인 입장을 명료화하기 위한 것이다.

이러한 과업과 테마는 종종 그리고 매우 적절하게 니체와 연관되어진다. 그의 저작들에서 그것들은 예외적인 생동감으로 표현되어진다. 그것들의 2번째와 3번째는 그의 전후에 이것들의 주인으로부터 그를 매우 중요하게 구분한다. 그는 첫 번째에 너무 몰두해서 그것들은 우리들의 본성의 환원주의자의 해석을 정착시키고 지지해왔다. 그들에게 있어서, 우리는 단지 물질적인 실체, 운동에 있어서의 물질 또는 상호작용과 결합에 있어서의 힘들의 무시하지 않는 비 신성한 세계의 특별한 조각이다. 반면에, 니체에게 있어서(내가 그를 이해하는 것처럼) 모든 그런 해석들은 세계의 실존의 나머지에 대한 이러한 적절한 것으로부터 모두 다른 용어로서 우리의 본성을 파악하는 것들에는 불만족하다. 그렇지만, 우리들의 본성의 초자연적이고 종교적이거나 형이상학적 해석들을 이것들의 과업과 주제의 첫 번째에 대해서 환원주의적으로 그들 자신을 제한하는 자들과 거부하는 모든 사람들을 참는 것을 준비할 수 없는 (니체처럼) 많은 종교적이고 철학적인 사상가들이 오랫동안 있어왔고 계속 있을 것이다.

이러한 경향은 지난 세기의 많은 동안 니체에 대한 이해를 왜곡해 왔다. 그리고 마찬가지로 그것은 그의 죽음 후에 한 세기 이상동안 스피노자의 수용을 귀찮게 했다. 그렇지만 두 경우에서, 결과는 그들이 사실상 반대했던 우리의 본성의 종교적이고 형이상학적 해석들을 자리매김하려는 추구와 노력하는 것을 평가 하려던 것은 실패였다. 둘 모두는 우리들의 본성에 대한 그들의 해석 안에서 근본적으로 자연주의적인 것이었다. 그러나 반환원주의자들의 의미에서는 자연주의적인 것이었다.

니체뿐만 아니라 스피노자에 대한 나의 관심을 먼저 일으킨 폴 틸리히(Paul Tillich)는 그들 둘은 "황홀한 자연주의자들"이라고 말하는 것을 좋아하곤 했다.(사실 그는 그 자신을 정말로 그렇게 생각한 것처럼) 이것에 의해서, 그는 그들에게 우리는 본성은 단순히 자연적이고 물질적인 실존보다 더 중요한 것을 의미했고, 우리의 나타나고 도달할 수 있는 인간성은 신적인 관념의 실제적인 의미인 실재 자체의 기본적인 특징에서 고유한 어떤 것을 반영하고 표현하는 것을 의미했다. 니체에 관하여 말하자면, 인간성을 표상하는 삶의 형태의 상승은 근본적인 표현 외에 아무것도 아니다. 본성적인 것의 특성과 충동과 세계와 실재만 특징적으로 배열되고 변형된다. 마찬가지로 스피노자의 본성주의는 표상의 단순한 방법에도 불구하고 단지 지루한 것은 아니다.

　스피노자에 관한 그의 많은 비평적 언급에도 불구하고, 니체는 그 안에서의 동지애를 분명하게 인식했다. ― 그리고 꽤 정확했다. 그는 우리의 인간성을 본성으로 되돌리고 읽기 위해서 그리고 근본적인 방법으로 정신이 육체적이고 생리학적과 연관이 있는 심리학과 인류학을 제안하기 위한 스피노자의 시도에 대한 그의 평가의 탁월함 때문에 그렇게 했다. 그러나 내가 짐작하기에 그에게 호소할 것이 없이 스피노자의 노력은 동시에 변형의 방법에 의해서 우리의 단지 자연적 실존을 초월하는 우리의 역량은 정당한 것이었다.

　어떤 확실한 방법에서 스피노자와 니체는 더 이상 다다를 수 없었다. 그렇지만 다른 중요한 측면에서, 이 두 명의 가장 위대한 철학적 심리학자들은 그들 중의 하나가 근대 철학의 역사에서 그 밖의 다른 사람보다 서로서로에게 더 가깝다. 그리고 그들의 유사성은 그들의 차이점을 더 흥미롭게 한다.

스피노자와 니체 둘 다 그들의 생산적의 미숙했던 초반의 말기 후 오랫동안(적어도 정확히 같은 나이에) 깊게 위험하고 교활한 사상가들로 여겨졌다. 이것은 무신론자로서 그들이 공유하는 명성 때문만이 아니라 초월적인 것들이 빼앗긴 삶과 세계에 대한 옹호자로서 그들의 당황스러운 지각 덕분이었다. 회고하면 이것은 적어도 오늘날 우리들의 몇몇에게는 아이러니하게 보인다. 왜냐하면 그들이 부정했던 것의 선점은 둘은 그들이 대신하려고 하는 것들보다 더 큰 전망을 실행하는 해석들을 애써서 추구했다는 것이 애매한 사실이 되었다.

스피노자와 니체 둘은 전통적이고 평범한 사가의 방법을 획득하고 지지할 수 있는 것보다 더 깊은 긍정의 길과 우리의 실존과 세계의 더 적합한 평가를 보여주려고 추구한 심오한 *긍정적* 사상가였다. 둘은 우리가 그렇게 되기 위해서 우리 안에 가지는 것이 무엇인가와 적어도 우리들 중의 약간이 획득할지도 모르는 일반적 인간의 법칙의 다소 미안한 모든-또한-인간 실존의 방식을 뛰어 넘어서는 더 높은 인간성의 질문에 사로잡혔다. 단지 자연적으로 함께 시작하는 힘을 표현하는 것을 변형하고 개조하면서 두 사람은 이것을 어떠한 우리들의 일반적인 인간자원을 이용하는 방식으로 이것을 취했고, 생명과 존재의 이러한 특징적인 모든 형태들과 본질적으로 다르지 않다.

두 사람에게 있어서 심리학은 우리 인간본성과 가능성의 이해뿐만 아니라 중요한 것마다 재평가하고 가치가 아마도 인간의 실존에 조화할지도 모른다는 것에 대한 길이라는 것을 의미했다. 니체가 수사학적으로 "철학자들 가운데서 도대체 누가 나보다 먼저 심리학자였는가?(EV IV:6)"라고 아무도 없을 것을 암시하면서, 물었을 때, 그는 "스피노자를 제외하고"라고 덧붙여야만 했다. 니체가 매우 잘 알고 있는 스피노자는 예외적이었다.

그렇지만, 우리들이 그것들을 다루는 데에 직면할 때에 어려운 점은 각각이 대부분의 현대철학자들이 그것을 진지하게 다루다가 어렵다는 삶과 세계에 대한 포괄적인 해석을 하는 그의 심리학과 연결되었다는 것이다. 스피노자의 "신 즉 자연"은 모든 실존을 포함하는 본질적으로 이성적인 단일 실체로 여겨졌다. 그것은 그의 심리학을 알려주고 색깔을 입히고 우리의 본성을 설명한다. — 본질적으로 비이성적 경향으로 파악한 니체의 "힘에의 의지"가 이 세계 안에 있는 모든 것이 존재하고 사라지는 방법을 설명하는 것처럼. 이러한 해석들은 조화될 수 없다. 그리고 그들은 또한 오늘날 대부분 우리에게 걸리는 장애물이다. 그렇지만 궁극적으로 그것들은 평가되어져야 하지만 쉽지는 않다. 그것들의 완전한 평가는 이 장의 범위를 넘는 것이다. 그러나 니체 스스로가 스피노자에게 응답했던 방법으로부터 단서를 잡으면서 내가 말해야 하는 것들은 그것에 공헌할지도 모른다.

2.

니체가 스피노자에 대한 많은 비평들을 제공하지만, 그것들 중의 어느 것도 가장 확실하고 근본적인 것은 없었다. 니체가 시간, 문화 그리고 과학의 "차이"에 기인하는 "일탈"의 하나로서 이것을 삭제하는 것처럼 보이곤 했는데 신적인 존재가 그것을 능가하는 것과 관련하여 더 이상 구별되고 이해되지 않는 "자연"이라는 용어의 그럴듯하게 얼버무려지는 전통적인 담화에 용어상의 활보다 더한 것이 없다고 여겼다. 스피노자는 근본적으로 "신-가설"을 포기했다. 비록 "신-언어"가 니체에게 "비-신성"적인 방식 안에서 자연과 인간 실재로 여겨지지 않는다 할지라도 — 비록 이러한 모든 기본적인 이성에 대한 그의 전제가 — "자연"을 포함한다 할지라도, 스피노자는 우리가 우리자신을 자유롭게 해야만 하는 것으로부터 니체가 싸우는 형이상학적 믿음의 주요한 나머지를 여전히 고수한다.

나는 그것들 사이에 분명한 차이들에 의해서 흐트러지지 않는 니체가 꽤 옳았다고 생각한다. 스피노자에게 있어서, 그에 관해서는 그가 전통적인 유대-기독교의 "오래된 신"이 라고 불렀던 것은 '죽었다'. 둘에게서, 이러한 초월적인 존재에 대한 관념은 심각하게 여겨질 더 이상의 가치도 없고 버려져야만 하는 것이다. 그럼에도 불구하고 사실 그의 "신"에 대한 모든 담화에서 스피노자는 확실히 이러한 방법으로써 니체의 "선임자"로 간주될 가치가 있다. 그의 출발점으로써 이러한 인식을 취하고 결과들을 실행하는 진지하고 포괄적인 시도를 하는 이러한 위대한 근대 철학자들 중 첫 번째 철학자이다.

그렇지만 이것은 그것들에 대한 전체적인 이야기가 아니다. 이것을 적절하게 다시 생각해 보면, "신"이라는 용어는 — "영혼"이라는 용어처럼 — 좋은 결과를 위해서 다시 소개되어지는 것일지도 모른다. 니체가 차라투스트라가 "영혼은 육체의 어떤 것에 대한 단어일 뿐이다"라고 말한 것을 가지고 있는 것처럼,(Z I:4) — 그러나 이것은 단지 운동에서의 물질이나 이 모형의 역동적인 계승자의 용어로 주어질 수 있는 것보다 "육체"를 더 깊고 더 심오하게 이해하는 데 사용되는 단어이다. 그리고 또한 니체는 세계와 관련이 있는 곳에서 "신"이 똑같은 목적이라는 것을 묵인한다. 스피노자는 "정신"과 "신" 둘 다를 말함으로써, 똑같은 요점을 만드는 것처럼 생각되어질지도 모른다. 그에게 있어서, 니체에 관한한, 어떠한 용어도 적절하게 우리들의 몸과 세계를 초월하는 실재들이나 실체들을 언급할 수 없다. 오히려 그 둘은 그들의 과소평가와 환원주의적인 오해에 대해 보호하기 위해서 첨가될 필요가 있는 우리자신과 세계에 대한 어떤 단어이다.

어느 경우에서건, 스피노자와 니체 둘은 육체가 할 수 있는 것에 대한 우리들의 존경을 고양했을 뿐만 아니라 비심리학적 용어들로서 이해되어야만 하는 우리의 실존의 중요한 양상들의 의미심장한 특징들로써 정신과 영혼의 관념을 회복시키는 것을 추구했다. 둘은 우리는 처음부터 끝까지 자연의 일부분이고 모두 다른 초자연적 종류의 일부분이 아니라고 주장한다. 그러나 그들의 "본성"은 자연 과학의 언어에서 전적으로 묘사되어질지도 모르는 것 외에 아무것도 아닌 ─우리 안에 조차 남겨져 있는─ 본성이 아니다.

둘은 공통적으로 그들의 "자유 의지"와 필연의 관념의 거부는 인간의 자유와 존엄의 관념을 조롱거리를 만들어 내는 숙명론적인 결정론자들에게 일반적으로 혐오되어진다. 그렇지만 둘은 한 철학자가 얻을 수 있는 가장 높은 상태로서 옹호하는 운명애를 뛰어넘어, 두 사람은 또한 인간의 자유와 존엄이 생각될 수 있는 안에서, 만약 예외적인 인간의 가능성이 이러한 관념들이 새롭게 의미가 있게 된다는 것 안에서 — 정확하게 우리 실존의 방식을 변형시키는 우리의 경향들의 윤곽을 획득하는 방식으로 —, 인생의 고양된 형태가 실제로써 식별가능하게 되는 결과로 용어를 바꾸는 것을 추구한다. 그리고 둘에게 있어서 우리자신의 인식 — 그리고, 가능하게 만드는 자체지배력의 형태 — 의 지식이 도달은 우리의 힘 안에 있고 그러한 "더 높은 인간성"의 실현에 있어서 결정적인 역할을 한다.

스피노자와 니체 둘에게서, "감정의 이론"은 모든 인간을 심리학적인 현상으로 이해하는 열쇠이다. 둘은 종종 우리의 기본적 본성이 단일하고 궁극적인 경향의 용어로서 인식될 때 그들의 논쟁은 조롱거리가 되었다. 그것은 상호작용과 관계의 다른 상황에서 활동하는 것처럼 그것은 좀 더 특수한 본성의 모든 다른 감정들을 일으키는 것으로 간주되어지는 것이다. 그렇지만 둘은 그들이 제시한 이러한 윤곽들 가운데서 가설로부터 많은 이익을 얻는다. 그리고 매우 넓은 현상의 범위에서 가능케 하는 우리의 감정적인 삶의 이러한 노력이 어떻게 발생하는지를 설명한다. 더욱이 두 사람에게, 이러한 기초적인 경향은 우리의 "활동력"을 증가시키기 위한 우리들의 노력과 관계가 있다.(스피노자의 구절에 있어서) 그리고 둘은 똑같이 존재하는 모든 다른 것의 같은 원-경향으로 돌린다. 그렇지만 그들은 적어도 정확히 어떻게 이 경향이 좀 더 완전하게 특징지어질 수 있는지에 관하여는 다르게 나타난다.

더 나아가 비록 니체는 피했지만 스피노자는 '신'과 '정신'의 관념들을 많이 사용했다는 사실은 겉으로 드러나는 것처럼 중요한 것은 아니다. 그들은 모든 실재가 존재하든지 하지 않든지 간에 근본적으로 이성적 단일성을 만들어 내는 불변의 법칙과의 일치를 하는 영원히 질서 잡힌 이성적인 것이라는 물음과 관련하여 급진적으로 다르다. 그러나 인간본성과 심리학에 관한 그들의 설명에 이를 때, 그것은, 그것들을 분리하는 차이점이 아니다. ― 어쨌든 문맥 안에서는 더 많은 관심과 계기의 다른 차이점들이 있다. 그것을 따로 놓자. ― 이 세계에 대해 근본적으로 비이성적 특성을 나타내는 니체의 기본적인 그림을 확신하고 있는 스피노자를 생각하라. ―그리고 그런 후 이러한 다른 차이점들이 중요하게 인식할 수 있게 된다.

내가 여기서 니체와 함께 하는 것 이외에 달리 가장하는 것은 나에게는 부정직한 것일 것이다. 그러하지만 나는 그렇게 독단주의적으로 하지 않을 것이고; 이러한 문제에서 니체에 대한 나의 평가가 과도하지만, 스피노자에 대한 나의 평가는 그럼에도 불구하고 철학의 역사에서 거의 모든 다른 사상가들에 대한 나의 평가보다 더 위대하다. 나에게 있어서, 그들의 차이점을 회고하는 것은 이러한 연구의 중대한 영역에서 진실로 비평적인 문제들과 대안들을 자리매김하기에 가장 좋은 방법 중 하나이다.

3.

그들 사이에서 하나의 중요한 차이점은 철학적 심리학과 감정의 이론을 실행하는 것에 관하여 어떻게 하면 최선으로 나갈 수 있는지에 대한 방법론적인 논쟁과 관련이 있다. 그를 인도하는 기하학의 예와 함께, 스피노자는 어떠한 기본적인 개념의 정의를 구성하는데 만족하는데, 그는 우리가 경험으로부터 친숙한 것과 함께 현상위에 계획되어질 수 있다고 믿는다. 반면에 과학적 방법에 대한 그의 개념의 정신 안에서, 니체는 먼저 그 자신을 인간 삶에서 발생하는 현상의 풍부를 알기 위해 추구한다. 그리고 가설의 틀에서 그것의 해석적이고 설명적인 의미를 만드는 것을 가능하게 한다.

그렇게 함으로써, 니체는 빛으로 나오는 것 자체를 이용하는 통합하는 오성에 대한 방식에서 "많은 다른 눈을 가지는" 다양한 현상을 보는 것을 추구하면서, 그의 유명한 "원근" 절차의 방법을 사용한다.(GM III:12) 반면에 스피노자에게 있어서, 우리가 가지고 있는 일반적인 이름들과 우리가 경험한 것들에 대한 다양한 감정들에 대해 펼쳐지지 않는 계획 안에서 자리를 발견한 것은 충분하다. 그는 그것들에 대한 자리와 그것들을 적응시키는 방법들을 찾으면서, 그가 나아가는 것처럼 사실은 후자를 염두하고 있다. 그러나 니체는 그것들의 원근 분석에 의해서 인도되어지고 그들의 일반적인 본성에 따라서 그의 해석을 다시 만드는 것에 의해서 더 많이 준비하고 있다. ─ 비록 그가 그것들을 그들의 근원적인 단일성에 대해 최근 발생한 포괄적인 개념과 연관시키는 것을 더 많이 추구한다 하더라도 말이다. 이것은 니체가 사람들이 기대했던 것보다 덜 차이점을 가지게 된다. 그러나 이것은 중요한 것이고 내가 돌아가야만 하는 것이다.

비록 그것들이 사유의 문제가 아니라 형태의 문제라고 할지라도, 니체는 단지 "시간, 문화, 과학에서의 차이"에 불과한 것에 대해 스피노자와 그의 많은 차이점들을 기록하는 것을 꽤 상당하게 준비한 것처럼 보인다. — 적어도 1881년의 오버베크와의 소통에서 — 그렇지만 약 5년 뒤인 1880년대 중반에, 그럼에도 불구하고 그는 계속되는 동의와 찬양을 하는 그의 많은 분야에서 그는 그가 정교하고 민감하게 되는 다른 차이점들을 강조하려는 것처럼 보이는 많은 중요한 요점을 만든다. 충분히 호기심 있게도, 니체가 특히 스피노자 — 그리고 심리학자로서의 스피노자의 비평이 되는 "철학자들의 심리학자"로서 처음에는 상당히 연관이 없는 것처럼 보이지만, 니체의 분석에서 깊이 연관이 되었던 것으로 판명되었다.

1881년 스피노자에 대한 그의 진정한 발견 이전에, 니체는 그를 단지 때때로 항상 존경했지만 다소 먼 방법으로 언급해왔다. — 예를 들면, "완벽한 현자"와 "천재의 원형"이다.(HH I; 475, 477) 1881년에 출판된 *The Gay Science*의 첫 번째 판에서, 그들의 공유된 관심 "인식을 형성하는 가장 힘 있는 감정"에 관한 그의 논평의 관점에서 거의 중요하지 않는 몇몇 구절에서, 그는 인식의 충동적인 기원과 동기에 관한 순진한 것에 관해 스피노자에 대해 잔소리를 한다. 그래서 예를 들면 그는 그가 "과학에서 사람들이 인간의 악한 충동이 도대체 어떠한 부분에서도 가지고 있지 않는 이타적이고, 해 없고, 자기–충족적인 어떤 것을 소유했고 사랑했다." 라는 것을 지지하는 데에 있어서 "잘못"이라고 비난한다.(GS 333)

여기서 니체의 기본적 요점은 비록 스피노자가 사실상 훌륭하게 "인간을 자연으로 되돌려 변형하는" 점을 보여주었지만, 그는 그것에 관하여 완벽하게 충분하지 않았고 그가 감정에 관한 윤리학의 제3부의 시작에서 주는 것을 제안했던 인간 인식에 주어야만 하는 똑같은 방법을 깨닫지도 않았다는 것이다. 그의 "전반적인 경향"에 대한 그의 언급과 동일한 작품에서 명백하게 지시하는 많은 어구에서처럼, 니체가 인식의 가능성이나 중요성을 부정한 것을 의미하지는 않는다. 그러나 그는 복잡한 발전의 산물이 되는 매우 세속적인 지금 우리의 심리학적인 구성의 모든 다른 부분과 같은 지식에 대한 우리의 능력을 인정하는 것의 필요를 확실히 주장한다. 그리고 여기서 스피노자에 관한 그의 불평은 그러므로 그는 그의 시야에서나 "자연주의"적 재해석에서 그의 심리학을 충분히 담지하고 있지 않았다는 것이다.

6년 후에 이러한 불평이 다시 만들어진다. 이번에는 인식에 대한 스피노자의 취급보다는 좀 더 근본적인 것에 대하여 만들어진다. 그러나 이것이 니체가 오버베크에게 언급한 '5가지 주요 관점'에 관계하여, 그리고 또한 좀더 다양한 구체적인 점에 관계하여 스피노자를 동맹적인 개념으로써 포용하려는 니체를 막지는 못한다. 그러므로 예를 들면 도덕의 계보에 관하여(*On the Genealogy Morals*)에서(1887), 스피노자에 대한 모든 그의 언급은 호의적이었고 동정에 대한 그의 낮은 평가처럼(GM P:5), 증오와 잔악한 것과 같은 이러한 현상의 어떠한 상황에서 무자연(naturalless)에 대한 그의 인식과 어떤 것을 단지 느끼는 데에 대한 양심의 가책의 그의 환원은 "뜻밖에 잘못 되어져" 갔다.(GM II:15) 이러한 모든 것은 스피노자가 인간 심리학적 현상, 그리고 목적론과 관계된 스피노자의 비평의 분석과 재해석에 대한 그 자신의 자연주의적 접근을 예견해 왔던 그의 좀 더 일반적인 이해의 조각이다.

그러나 니체는 또한 그의 활동적인 삶의 이러한 같은 마지막 기간에서 작업을 수행하는데, 몇몇 근본적인 관점에서, 즉 『선과 악을 넘어서』(*Beyond Good and Evil*)와 그 결과들의 관점에서 심각하게 스피노자를 다룬다. 그는 스피노자에게 "심리학자, 그대 자신을 분석하라"고 말하고 있는 것처럼 보인다. 특히 그의 의무를 흥미롭게 만드는 것은 그가 심기가 불편한 채 잘 알고 있었을지도 모르지만, 그들이 스피노자에 관한 중요한 질문을 제기했을 뿐만 아니라 니체 자신에 대해서도 수평화가 되었다고 생각할 수 있다는 것이다. 여기서 내 생각은 그가 스피노자와 이러한 동지애를 느꼈기 때문에, 정확하게 되었다는 것이고 그는 그 자신과 — 만약 우리가 그들에게 친족이라면, 우리를 또한 경고하기를 시도하면서 이 "분신"에 대해서 그렇게 어렵게 할 수 있게 되었다는 것이다. 철학자–심리학자로서 우리의 인간 실재의 깊음을 수직하는 시도하는 과정 안에서 잘 알고 있는 것이다.

4.

『선과 악을 넘어서』에서 초기에 스피노자는 (칸트와 더불어) 얼마나 자주 철학자들이 "그들의 작업에서 충분히 정직하지 않고" "마치 그들이 차갑고 순전하고 신성하게 무관한 변증법의 자기 개발을 통하여 그들의 실제 의견을 발견해왔고 도달해왔던 것과 같은 자세를 취하는" 예를 보여줌으로써, 니체에 의해서 발탁되었다. 비록 실제적으로 "사실은 그것은…… 종종 결과되어지고 추상화된 마음의 가장 원하는 것…… 그들은 사실 뒤에 그들이 추구한 이유와 함께 방어한다"
라며 그는 다음과 같이 기록했다.

아니면 가면과 편지에서 침공불가한 여성과 아테네의 팔라스 여신
을 감히 힐끗 쳐다보아야만 하는 어떤 침략자의 마음속으로 바로 그
테러의 시작을 테러를 일으키는 스피노자가 그의 철학 — 사실 공평하
고 공정하게 단어를 만드는 "그의 지혜의 사랑" — 을 덮고 있는 수학
적인 형태의 마술적인 말을 생각하라. 얼마나 많이 아픈 은둔자의 이
무도회를 개인적으로 배신하는데 소심하고 취약한가!   (BGE 5)

아마도 그렇거나 — 아니면 적어도 이것은 스피노자가『윤리학』
에서 그의 사상을 표현하는 형태에 의해서 많은 영향을 받은 것에
대해서 우리를 우리의 보호에 놓아야만 하는, 결정적인 의미가 아닌,
합법적인 종류의 혐의를 제기한다. 그러나 만약 그렇다면, 그것은 두
방법을 자르는 칼이다. — 특히 여기서 말하고 있는 그것은 그의 관
점을 표현하는 단지 문제가 있는 문체의 차이점을 고용하고 있는 또
다른 "아픈 은둔자"이기 때문이다. 나는 니체 자신과 그의 불타는 수
사학을 언급한다. 그것은 여기서 니체가 묘사한 독자에 관한 똑같이
위협하는 결과를 잘 가지고 있는 것이다. 어떤 사람은 똑같은 정의와
부정의를 가지고 말할지도 모른다. "얼마나 많이 개인적으로 소심하
고 취약한 이 아픈 은둔자의 무도회는" 아마도 마찬가지로 배반할
것이다. 스피노자와 니체는 일란성 쌍둥이는 아니지만 그들은 이러
한 면에서는 형제일 것이다. 나는 니체가 어느 정도 그것을 알았고

그것에 관하여 걱정했을 것으로 여긴다.

"무도회" 주제와 비평은 그 후에 오래지 않아 더 깊고 더 예리한 방법으로 더 깊은 우려와 비평을 표현하면서 반복 된다. 원한이라고 부른 병자 니체는 스피노자의 사상의 표면의 기저의 작품일지도 모른다. 원한의 특별한 다양함에서 그가 이 세상에서 그들의 운명에 의해서 깊이 고통받아왔던 많은 위대한 철학들 안에서 깨닫는다. 그는 다음과 같이 기록한다.

사회로부터 이러한 추방된 자들, 이러한 길게 핍박받는 자들 지독할 정도로 핍박받은 자들 — 또한 강제적인 은둔자 스피노자주의자나 지오르다노 브루노 — 는 가장 영적인 무도회 아래에서조차 항상 그리고 아마도 그들 자신이 그것을 알지 못했던 것과 함께 정교화된 복수-추구자와 독이 든 양조자의 마지막이 되었다(스피노자의 윤리학과 신학의 기초에 벌거벗은 상태로 내버려두라!)   (BGE 25)

이것은 또한 아마도 그가 "철학자들의 심리학"이라 부르는 것이 사람들이 그들의 사상을 평가하는데 접근하고 시도하는 것처럼 필요한 것이라는 것을 인지하는 니체와 같은 사람에 대한 합법적인 걱정이다. — 그러나 만약 그렇다면, 그것은 니체 그자신의 경우에서처럼 또한 느껴질지도 모르는 걱정이다. 왜냐하면 그는 또한 요점에서 중요한 것이었다. 그리고 "떼"에 반대하는 그의 비난의 연설인지 아닌지를 합리적으로 경탄할지도 모른다. 그리고 이것으로부터 그리고 반대하는데 서 있는 사람들의 그에 대한 찬양은 이러한 "모든-또한-

사람"의 경향에 의해서 마찬가지로 얼룩져있다. 그러므로 마찬가지로 이러한 문장은 스피노자에 관할 뿐만 아니라 그 자신에게 조차 그의 부분에 관한 불안에 영향을 줄지도 모른다.

그리고 이것으로부터 그리고 반대하는데 서 있는 사람들의 그에 대한 찬양은 이러한 "모든—또한—사람"의 경향에 의해서 마찬가지로 얼룩져있다. 그러므로 마찬가지로 이러한 절은 스피노자에 관할 뿐만 아니라 그 자신에게 조차 그의 부분에 관한 불안을 잘 반영할 수도 있다.

나중에 같은 작품에서 니체는 그의 사상이 외적 역경뿐만 아니라 내적 위험에 대한 반응을 나타내는 사람들 중의 한사람으로서 스피노자를 인용한다. 이러한 내적 위험은 초기의 열정의 무정부 상태에 의해서 제기된 위협이다. 그것에 대한 반응은 그것들을 억누르는 오도된 절망 전략의 방법으로 자기—통제를 달성하려고 하는 시도에 의해 만들어졌다. 그는 다음과 같이 기록한다.

그의 "행복"을 위해서 그들 자신을 개개인에게 표현하는 사람들이 말하는 것처럼, 이러한 모든 도덕은 단지 그 자신 안에 개별적으로 살고 있는 그의 열정에 반대하는 처방전의 위험의 정도에 관련되어 있는 행동에 대한 충고이다 …… 지적으로 표현된 이 모든 것은 거의 가치가 없고 "과학"은 "지혜"보다 기다란 한방에 의해서 그러나 오히려 다시 한 번 말하자면) 3번 더 신중, 신중, 신중은 어리석음, 어리석음, 어리석음과 섞여있다…… (E.g.,) 스피노자의 더 이상 — 웃지 않고 더 이상 — 흐느끼지 않는 것, 그들의 분석과 해부를 통한 그의 너무나 순진하게 헌신된 감정의 파괴······.   (BGE 198)

이러한 "위험"의 조건을 매우 잘 알고 있는 사람으로부터, 그리고
심지어 인간과 철학적 위대함의 필수조건의 하나로 그것을 취급하는
것으로부터, 이 구절은 독특한 신랄함을 가지고 있다. 그러므로 여기
서 스피노자는 동족애의 형태로서 인정받고 있는데 이러한 방법으로
정념들을 다루고 그리고 그것들이 좀 더 효과적으로 건설적으로 다
루어지는 것을 식별하는 것을 시도하는 어리석음을 평가하는데 실패
한 결점을 가지고 있다.

우리자신들을 포함하고 있는 존재하는 모든 것의 바로 본질을 그
가 취하고 있는 자존성(conatus)의 근본적인 목적처럼 그가 근본적인
실수를 가지고 있으면서 취한 것에 대한 니체와 관련된 이러한 실패
는 스피노자의 기본적이고 중심적인 자기-보존의 학설을 간직하고
있다. 니체는 몇몇 단계로 이러한 학설을 공격하는데 이들 중 하나는
심리학적이라기보다는 오히려 더 철학적이다. 이러한 하나의 비평에
서 그는 그의 인정된 목적론의 명성과 함께 그것이 불일치하는 스피
노자의 옹호론자들과 논쟁하면서, 그 자신에 관하여 스피노자와 연
관시킨다. — 니체의 요점은 그와 완전한 일치를 하는 것이다. "심리
학자들"이라고 그는 썼고 또한 철학자들이라고 썼다.

유기체의 기본적인 본능으로서 자기-보존의 본능을 내려놓기 전에
두 번 생각해야만 한다. 살아있는 것은 무엇보다도 그의 힘을 면제하는
것을 추구한다. — 생명 그 자체는 힘에의 의지이다. 자기-보존은 단

지 간접적인 것의 하나이고 가장 자주 읽어나는 결과이다.

요약하면, 다른 곳에서처럼 여기서 우리가 여분의 목적론적 원리들을 잘 알게 하자. — 이것들의 하나는 자기-보존의 본능이다(우리는 이것을 스피노자의 불일치에게 빚지고 있다). 그러므로 본질적으로 원리들의 경제이어야만 하는 방법이 그것을 요구한다.   (BGE 13)

그렇지만 여기서 니체는 사실 스피노자와 매우 근접해 있다. 그리고 그의 "힘에의 의지"가 스피노자의 자기-보존의 자존성보다 덜 목적론적인지 아닌지에 관하여 적어도 호기심을 가지고 있을지도 모른다. 만약 그것들이 이러한 관점에서 오히려 서로서로 동등하다는 것으로 판명된다면, 그들 사이에서 읽혀지는 차이점은 스피노자의 원리는 "필요이상의 목적론적 원리"이고 반면에 니체는 똑같은 방법으로 필요이상의 것이 아닌 제안이라는 점에서 소진되는 것처럼 보인다. 니체는 정말로 다른 곳에서 후자가 그 경우라고 논쟁한다. 그러나 이러한 관점에서 스피노자에 대한 그의 비평중 가장 중점적인 부분은 그가 스피노자의 자리에서 발전시킨 가설이 이러한 점에서 거북하게 그것과 관련이 있다는 것에 대한 그의 인식에 빚을 지고 있는지도 모른다.

니체의 두 번째 단계의 공격은 차이를 제공하고 아마도 니체 자신의 위치에 대한 스피노자의 대안에 관하여 의심하는 이유를 좀 더 말하는 것일지도 모른다. 여기서 니체는 또다시 그의 "철학자들의 심리학"을 스피노자의 교리를 손상시키는 역할을 하는데 가져온다. 그의 요점은 스피노자와 그의 위치에 매혹되는 사람들이 생리적으로 "고통된" 조건의 전조로 여겨질지도 모른다는 것이다. 그는 『선과 악을 넘어서』의 1년 후에 Gay Science의 5번째 책에서 그는 1887년에 두 번째 판에 덧붙였다. "어떤 철학자들이 — 예를 들면, 폐결핵에 걸린 스피노자 — 중대한 자기-보존의 본능을 고려하고 그 방법 안에서 그것을 보존하려고 할 때, 전조가 되는 것으로 여겨져야만 한다. 왜냐하면 그것들은 고통에 있어서 개별적인 것이었기 때문이다."(GS 349)

이것은 사람을 불공정하게 뿐만 아니라 — 스피노자는 의심할 여지없이 그의 건강이 악화되기 훨씬 이전에 이 문제에 관하여 그의 위치에 도달했기 때문이다 — 적어도 니체가 그것을 표현한대로 꽤 확실한 잘못으로 여길지도 모른다. 왜냐하면 니체자신이 살아있는 반증이기 때문이다. 만약 그럼에도 불구하고 확실히 주요한 "자기-보존의 본능"과 "중대한" 것을 고려를 "해야만" 하지 않는 사람이 있다면, 나쁜 건강에 빚지고 있는 "고통 가운데 있는 개체"가 있다. 왜냐하면 그가 그렇게 하지 않았기 때문이다. 그가 더 그럴듯하게 말해왔던 것은 이러한 관점의 채택은 아마도 "고통" 상태의 징후로 여겨져야만 했다. 그러나 단지 이러한 조건에 반응하는 하나의 의미로 — 그것의 반응의 또 다른 방법으로 같은 조건의 징후와 같은 그자신의 대안적인 입장으로 여겨진다. 그렇지만 그 경우에 그는 확실히 이것이 실제적으로 취해진 입장의 건전성에 대한 질문을 안정시키지 않는 것을 관찰하는 것을 필요로 한다. 그러나 오히려 단지 그것 옆에서 커다란 질문의 흔적을 남긴다. 제거되거나 다른 고려에 의해서 확인되면서 말이다.

이 문단을 떠나기 전에, 그것이 유사한 경향에서 계속된다는 것이 주의되어져야만 한다. 그러나 다소 다른 특별한 요점으로 다음과 같이 말한다. "우리의 근대 자연과학이라는 것은 이러한 스피노자의 교리에서 (가장 최근의 그리고 모든 것 중 가장 최악인 '실존에 대한 투쟁'의 이해할 수 없는 일방적인 교리의 다원주의) 완전히 뒤엉켜버렸는데 그 이유는 아마도 대부분의 자연 과학자들의 기원 때문일 것이다.

기본적인 관념과 진단은 같은 것으로 남아있다. — 자기 보존을 하려는 노력의 기초적인 교리의 수용을 자극하는 것은 그것을 수용하는 부분에 관한 고통의 조건이다. 그렇지만 여기서 니체가 마음에 품고 있는 고통은 심각하게 건강이 좋지 않은 것이 아니고 오히려 덜 예리하고 좀 더 일반적인 종류의 힘과 활력에 대한 원함인데, 그는 자기보존보다 더 많은 것은 실제의 가능성이 없는 이들을 위해, 인간성의 공통의 추세의 특징적인 것을 추정한다. 니체는 이러한 학설에 대한 매력은 좋지 않은 건강이나 그렇지 않으면 단지 빈약한 구성에 의해서 그것들 중에서 기대되어지는 것임을 효과적으로 제안하고 있다. 자기 보존은 그들의 열정과 그들의 주요한 선취의 제한이다.

그러므로 이 마지막 단계에서, 스피노자에 대한 니체의 기본적인 비평의 반응은 그의 철학적 심리학의 중심적인 교리에 초점이 맞추어져 있다. 자기보존을 확고하게 하기 위한 코나투스(conatus)의 교리는 우리의 본성과 모든 것의 본성에 가장되는 핵심이다. 그의 비평은 이 학설에 질문을 던지고 그것을 심리학적 조사에 종속시킴으로써 그것을 훼손하려는 시도로 계속 나아간다. 이 조사는 스피노자가 그것을 표현한대로 내용과 방법으로 확장된다. 이러한 방식으로, 니체가 믿기에, 우리는 우리가 그렇지 않는 것보다 스피노자가 우리에게 제공한 심리학의 종류를 만드는 것을 결정하는 필요한 시도에 있어서 더 많은 것을 얻을지도 모른다. 만약 우리가 단지 그것을 액면 그대로 받아들인다면 말이다.

스피노자는 우리의 본성에 대한 심리학적 접근이 그것을 너무 심리학적인 현상으로 다루는 정당한 이유를 개척하였다. ― 적어도 그것의 기원 안에서 ― 그것이 심리학적 분석의 칼과 현미경에 할애되어지는 것은 아니다. 그렇지만 만약 이것이 그렇다면 똑같은 것이 그것의 니체 자신에 대한 분석에도 적용되고 그것에 대한 대안으로 제안되었다. 그리고 내가 제안한 것처럼, 스피노자와의 깊은 동지애에 관한 인식은 또한 그가 그를 위해 그의 작품을 절단해 버린 것을 가지고 있는 어색한 인식에 의해서 동반되어진다. 만약 그가 같은 덤불에 타르를 칠하는 것을 피하게 된다면 말이다.

5.

스피노자에 대한 니체의 반응은 그자신의 민감성을 암시한다. 그러나 그것의 관심은 그에 대하여 보여주는 것에 제한되지 않는다. 오늘날 우리 가운데 많은 사람에게 있어서, 스피노자를 만드는 것을 결정하기 어렵다. 그의 체계의 형태와 명백한 내용에 의해서 두려워하고 연기되는 것은 너무 쉬운 일이다. 그리고 그 둘 모두의 반응은 심각하게 그를 철학자로서 인정하는데 바로 도움이 되지는 않는다. 여기서 니체는 우리에게 도움이 될지도 모른다. 왜냐하면 그는 그것의 일반적인 경향과 근본적인 해석의 핵심에 대한 스피노자의 사유의 명백한 반응을 통하여 잘라내기 때문이다. 그가 결정적으로 쟁점으로 취한 존중과 중요성을 동시에 발견하면서 말이다.

스피노자의 종교적-형이상학적 언어도 그의 표상에 대한 형식주의적 방법도 니체에게 있어서 많은 관심거리는 아닌데 왜냐하면 그는 그것들을 단지 스피노자의 사상의 표면이나 외면으로만 여기고 그것의 수용이나 거절도 보증하지 않는다. 표상에 대한 그의 언어나 방법에 대해서 스피노자를 존경하거나 거절하는 것은 니체에게 있어서 흔적을 놓쳐버린 것이다. 스피노자에게 있어서 중요한 것은 우리의 부분으로써의 "본성"의 나머지처럼 같은 용어로 우리의 인간성을 해석하는 그의 결정론이다. 그렇게 함으로써(만약 이러한 점에 미끄러진다 할지라도) 목적론에 대한 그의 거절, 특별한 심리학적 현상을 다루는 그의 통찰력 — 그리고 자기 보존은 모든 더 특수한 경향과 노력의 형태의 일반적인 목적이라는 그의 확신이다.

이 마지막 요점에서 니체는 스피노자와 교제를 한다. 그리고 사실상 그의 비평적 언급들의 모든 것은 그러한 확신을 만드는 것과 관련된 문제들로 표현되어 있다. 그는 스피노자가 우리 전체의 감정적 삶이 단순한 기본적인 충동의 부산물, 명시, 동화라는 것을 가정한 것에 대해서 그를 비난하지 않는다. 왜냐하면 니체 자신도 마찬가지로 그렇게 했고, 심리학이 그것을 적절하게 다루고, 단순히 자연적 인간 존재라기보다는 우리의 전체 정신의 발달을 다루는 열쇠로서 간주했기 때문이다. 이런 점에서 그는 스피노자를 위대한 동지이고 그 자신의 사고방식의 선구자로서 받아들인다. 그러나 그는 스피노자가 단지 자기–보존의 측면에서 봤을 때 우리들의 관한 (우리를 찾고 또 우리가 되어져 가는 세상과 함께) 그의 전체적인 해석을 구성하는데 있어서 근본적으로 그리고 심각하게 틀렸다고 논쟁한다.

　니체는, 이 견해를 정면으로 공격하기보다는, 스피노자가 이러한 입장 모두를 취하게끔 유발한 고려의 방법에 의해서 이 해석이 잘못 인도되어졌고 동기가 불순하다는 것을 보여주려고 시도한다. 이렇게 함으로써 그의 목표는 그가 대비적으로 "힘에의 의지"라고 부르는 용어에 마음을 쏟는 그의 대안적인 해석의 좀 더 호의적으로 승인하는 방법을 준비하는 것이다. 직접적인 반론에 의해서 반박될 수 없는 스피노자의 그러한 해석들, 그 자신(아니면 스피노자의)에 관한 해석은 동등하게 직접 논증에 의해서 입증되어질 수 있다. 그러나 스피노자가 제안한 것에 대한 그의 취급처럼, 그는 그들이 그가 스피노자와 관련하여 제기한 것을 고려하는 것을 제출함으로써 전복되어질 수 있다고 믿는다. 만약 그들이 독립적으로 인용된 고려들에 의해서 입증되어질 수 없다면 말이다. 그리고 그는 이러한 입증이 그의 대안적인 해석의 경우에서 가능하다는 것을 믿는 것처럼 보일 것이다. 그것은 최초에는 심리학적–계보적 전복과 같이 비난받기 쉬운 것처럼 보일지도 모른다.

　그렇지만 니체와 스피노자의 해석이 실제적으로는 어떻게 다른가? 자기 보존에 대한 스피노자의 자존성이 니체의 "힘에의 의지"와 다른 모든 것인가? 니체에게 들어본다면, 사람들은 그들이 정말로 다르다고 생각할 것이다. 그러나 그들은 그가 우리에게 제안한 것보다 상당히 더 많이 유사한 것으로 판명될 것이다. 그럼에도 불구하고 그들의 명백한 급진적인 일탈이 있다. 비록 두 경우에서 경향의 요점이 다르게 보인다 할지라도, 두 개념은 근본적인 경향의 똑같은 일반적인 관념을 나타나게 한다. 마찬가지로 스피노자와 니체는 우리의 더 구체적인 감정의 레파토리의 완전함을 일으키는 가장 원시적이고 근본적인 감정의 형태이다.

스피노자와 니체의 심리학은 감정들이 우리들의 심리학적 삶의 중심적인 현상들을 취하면서, 그리고 그들의 "기원과 본성"을 이해하는 것을 추구하면서 "감정"의 이론으로 특징지어진다. 스피노자가 『윤리학』의 3번째 부분의 제목으로 표기한 것처럼 말이다. 니체가 그것을 묘사한 것처럼,(BGE 36) 스피노자와 니체는 사람들이 근본적인 경향의 형태의 "발전과 세분화"로써 우리의 전적인 감정의 레파토리를 표현하는 더 깊은 시도를 했다. 오히려 그것과 관련된 자율적인 활동이라기보다는 그것의 특별한 발전으로써 이런 단일한 지배 안에서 우리의 전적인 정신적 삶을 스피노자가 니체가 포함했던 만큼이나 멀리 진행을 했는지는 분명치 않다. 적어도 니체는 이것은 그것들 사이에서 중요한 차이점이 아니라는 생각을 나타내려고 했을 것이다. 그렇지만, 왜냐하면 그가 확실히 다른 점들을 가지고 있었던 것처럼, 그는 이 점에 관하여 말하는 스피노자의 어떠한 비평적인 것도 가지고 있지 않았기 때문이다. 이것은 고려할 가치가 있는 점이다. 그러나 나는 그들의 가장 기본적 원리들 사이의 관계를 좀 더 밀접하게 수반하기 위해서 뒤로 미룰 것이다.

6.

"힘"의 개념은 니체의 "힘에의 의지"의 개념에서처럼 스피노자 그의 자존성의 개념에도 나타난다. 그렇지만, 후자의 경우에서, 그것은 이 근본적인 경향과 충동의 대상으로 서 있는 것처럼 보인다. 반면 스피노자에게 있어서 "몸에서 활동의 힘"(Corporis agendi potentiam)과 "육체의 활동의 힘을 보조하는 정신에서 사유의 힘으로써 그것은 겉으로는 달리 스피노자에게 소개되어졌다(Props. 11장과 12장). 이러한 힘의 증가는 사실 항상 추구되는 어떤 것에 붙잡혀 있지만, 그러나 단지 유도적이고 제한적 방법에서 — 즉 자기 보존의 관점으로, 즉 (좀 더 정확하게) "그것 자체의 존재 안에서"(in suo esse perseverare) 사물을 "보존"하는 것이다. 그것은 확장이 아니고 스피노자에게 있어서 다른 사물과 관련된 사물의 힘의 더 넓은 표현은 그가 말하고 있는 근본적인 자존성의 실제 대상이다.

이러한 점에서 니체는 모든 목적론에 대한 그의 거절과 양립할 수 없는 목적론의 한 조각을 도입함으로써 스피노자의 모순을 비판한다. 만약 그것이 제거된다면, "활동의 힘" 그 자체만 하나가 남겨진다. 그것은 결과적으로 "인내"를 가질 수도 있고 그렇지 않을 수도 있는 표현이다. 그러나 이것은 니체 자신의 개념과 사실은 매우 가까운 것이다. 그리고 유사성은 다른 몸들 가운데서 한 몸의 "활동의 힘"이 본질적으로 상관적인 것이라는 인식에 더 가까워졌다. 그리고 몸의 그 자체로 단순한 존재의 구안에서가 아니라는 것을 깨달으나, 오히려 다른 그러한 "활동의 힘"의 중심과 관련된 상황이라고 인정하게 된다.

　이해가 되었음에도 불구하고 니체의 "힘에의 의지"의 개념과 스피노자의 탈목적론적인 자존성 사이의 어떠한 중요한 차이점이 남아있는 것을 보기 어렵다. 그리고 사실 나는 니체의 개념이 누군가가 스피노자의 것을 이러한 방법으로 수정한다면 정확하게 얻게 될 개념이라고 제안할 것이다. ― 니체가 스피노자 자신에게 일관성이 있어야만 한다고 논쟁하는 것처럼 말이다. 이것은 자기 보존을 많이 만드는 것에 관한 니체의 스피노자에 대한 근본적인 반향과 스피노자의 그의 날카로운 비평을 설명하는데 도움을 줄 것이다. 이것은 니체가 말하고 있는 것처럼 보인다. 그는 더 잘 알았어야만 한다.

　그러나 마찬가지로 니체 자신의 개념이 목적론은 아닌가? 만약 적절하게 이해되었다면, 내가 믿기에는 아니다. "힘에의 의지" 어구 자체는 결과의 특별한 종류의 달성을 야기시키는 의도를 언급하는데 사용되어질 수 있다. 예를 들면 힘의 소유는 대상들이나 피조물의 어떠한 지배에 대한 통제처럼 생각되었다. 그러나 그것은 니체가 그것을 가장 일반적이고 근본적으로 이해한 것이 아니다. 비록 만약 어떤 종류의 것이 존재하는 것에 대한 사건의 과정에서 나타나는 체계의 자기-보존을 그가 인정하는 것보다 덜 일반적인 결과라 할지라도 말이다.

　니체에게 있어서 근본적인 경향의 이러한 개념은 궁극적으로 그것들의 보충이나 그것들의 소모의 결과일지도 모르는 방법에서 그들의 힘을 소비하는 다른 역동적인 양과 관련하여 그들 자신들을 단언하는 모든 역동적인 양의 경향을 나타내는 것을 의미한다. 이것은 어느 곳에서든지 힘의 관계를 초래하고 통제로서의 힘의 목적론을 나타내는 외양을 가지고 있을지도 모르는 윤곽까지 초래한다. 그러나 이러한 외양은 역동적인 양의 부분에서 주장으로서 힘의 범위와 상호작용의 표현이다. (스피노자와 대화하는) 바로 그 "실제적 본질"은 그러한 단언보다 더도 아니고 덜도 아니다.

스피노자에 대한 니체의 기본적인 불만은 이것은 정확하게 그가 가지고 있었어야만 했다는 것이다. 그리고 대신에 그는 너무 인간적인 이성(또는 동기)에 대한 이러한 그림 위에 자기-보존의 목적론을 대신 강요한다. 이러한 내면의 동기의 분석은 위에서 인용된 비평적 관찰이 제안하는 경향이 있다는 것이다. 그리고 스피노자의 이러한 취급에 반대하기 전에 적어도 그것을 스피노자가 그의 유명하고 비평적인 *Proposition* VI("그 자체에 관한한 모든 것은 그것 자체의 존재를 유지하기 위해 노력(자존성)하는 것이다")에서 실제의 논쟁에서 전혀 제공하지 않았던 문제점이 되는 것으로 인정해야만 한다. 그는 사실 *그것에* 대해 증거를 제공한다. 그러나 그것은 모든 것이 "그것의 존재를 빼앗아 버릴수 있는 모든 것에 반대하는 것이다" 라는 단지 질문에 구걸하는 것에 지나지 않는 단언으로 전락해 버리고 만다(Prop. VI, Proof).

"증거"의 이러한 위장은 그를 그가 이 문제에 관하여 입장을 취하는데 이끌지도 모르는 것에 관하여 놀라움을 남겨둔다. 니체의 논쟁은 만약 그것에 대한 설득적인 경우를 식별할 수 없다면, 스피노자에게서나 다른 곳에서나, 스피노자와 그것에 증언한 다른 사람들의 그의 제안된 심리학적 진단은 그것의 진실성으로부터 이끌어낸 그럴듯한 설명이다. 그러나 그것에 대한 어떠한 경우도 식별할 수 있는 것은 아닌데, 스피노자가 언급을 하겠지만, 이것은 스피노자의 철학적 심리학이 따라서 개정되어야만 하는 니체에 대한 결과이다. 만약 사람이 그가 할 수 있는 한 가장 가까이 머물 수 있다면, 니체 자신이 제안한 선을 따라서 말이다. 그렇지만 이 움직임이 만들어진다면 그가 『윤리학』의 3부에서 감정을 취한 일반적인 접근에서 그를 따를 뿐만 아니라, 좋은 많은 특수한 문제들에 관하여 스피노자의 사상을 따르려고 하는 그에 대한 길은 열린다. 그것은 그것을 여는 언급과 함께 시작한다.

7.

그러나 이제 스피노자와 니체가 접근하고 그들의 철학적 심리학을 수행한 방법 안에서의 눈에 띄게 심오한 차이점으로 돌아가 보도록 하자. 스피노자와 니체는 본성의 나머지와 일치하는 방법으로 우리의 감정을 해석하는 것을 제안함으로써 시작한다. 둘은 모든 자연적인 실존의 형태를 고무시키는 근본적인 충동으로 그것자체로 단일하고 기본적인 충동의 발달과 정교함으로부터 이끌어 내는 것처럼, 그것들을 하나로 해석한다. 그러나 그들이 그렇게 한 방법은 처음과는 다른데, 이러한 차이점은 니체뿐만 아니라 스피노자로부터의 우리 나머지의 대다수를 분류한다. 그것은 스피노자의 전체 심리학적 계획과 관련하여, 니체와 우리자신에 대한 심각한 문제의 자세를 취한다. 그것을 다루는 니체의 방법은 단지 하나의 가능성만은 아니다. 그러나 이 문제를 가능한 한 많이 구출할 수 있는 관심 안에서 그것은 우리가 할 수 있는 최고일지도 모른다.

내가 생각하고 있는 차이점은 3부에 대한 스피노자의 주목할 만한 도입의 마지막 문장에서 영감이 떠올랐다. "모든 사물의 일반적인 법과 규칙을 통하여 본성을 이해하는 동일한 방법이어야 한다"고 단지 제안하면서, 그런 후 그는 다음과 같이 말함으로써 결론을 내린다. "나는 선과 평면이 입체와 관련된 것처럼, 정확하게 같은 방법으로 인간의 행동과 욕망을 고려해야만 한다."(강조점을 더했다) 스피노자의 해석과 일반적으로 자연에 대한 취급 그리고 그것의 일부분으로서 "인간의 행동과 욕망"의 취급은 기하학의 모델이 될 뿐만 아니라 기하학에 대한 논리학의 적절한 종류가 모든 특별한 종류의 현상의 특별한 본성에 확인하는 것을 의존될지도 모른다는 것을 미리 추정한다. 적절한 정의에 의해서 그것들이 요구하는 것을 연역함으로써 말이다.

반면에 니체와 우리 나머지의 대부분에 있어서 이것은 그렇게 하지 않을 것이다. 기하학과 그것의 논리학은 그들의 사용이 있겠지만 그와 우리가 이해하게 된 것처럼, 역동적인 세계에서, 이러한 논리에 의해서 강요되지 않고 이러한 기하학의 형태들로 구성되어 있지 않는 힘의 윤곽과 상호작용을 구성하고 있는 자연의 세계를 모델로 만드는 것을 지지하고 근본적으로 그것들은 더 이상 가정하지 않는다. 니체가 관찰하는 것을 좋아하는 것처럼, 이제 우리는 우리가 단지 이러한 추상적 형태들과 세계에 대한 이러한 인공의 논리학을 읽는다는 것을 깨닫는다(아니면 깨달아야만 한다). 그리고 우리는 만약 우리가 그것 안에서 — 그리고 우리 안에서 일어나는 것을 이해하려는 어떤 희망을 가지고 있다면, 그렇게 하는 것을 그만두어야만 한다. 그러므로 우리의 감정은 전적으로 다른 그리고 더 많은 경험적인 방법으로 우리의 어수선한 다양한 출발점처럼 식별 가능한 현상의 풍부함을 취하면서 접근되어져야만 한다. 비록 그것들에 대한 우리의 해석이 여전히 기본적인 원리들의 경제의 발견적인 사상에 의해서 가장 잘 인도된다고 해도 말이다. 우리는 다수와 다양성으로부터 있을지도 모르는 단일성을 강조하는 것은 무엇이든지 해석적인 안목에 되돌아 작업을 해야 한다. 어떠한 단일한 근본적인 원리들의 선험적인 전제로부터 계획의 연역적인 노력으로 나아가는 것보다는 오히려 관찰 가능한 현상의 다양성이 적합 할지도 모르는 과정으로 진행되어야 하는 것이다.

니체는 확실히 이것에 관해서는 옳다. 스피노자의 방법은 급진적이어서 여기서 그의 주제에는 적합하지 않다. 그리고 만약 그가 그것을 채택하는데 용서되어 진다해도, 그것은 그의 실행 가능성의 전적인 심리학적인 모험을 빼앗는 것처럼 보일지 모른다. 그렇지만 니체에게 있어서 이것이 문제의 끝이 아니다. 왜냐하면 니체는 스피노자가 그의 체계를 포함하고 표현하는 방법을 발견한 많은 심리학적 통찰력과 제안에 대한 신뢰를 주었기 때문이다. 그래서 그것은 그가 저술한 "철학자들의 실수"에서 그가 기록한 생각에서 다른 사람들 가운데서 스피노자와 함께 잘 해왔다 — 거기서 철학자들은 그의 철학의 가치가 그 빌딩에 전체로 놓여있다고 믿는다. 후손들은 그가 세운

벽돌에서 그것을 발견한다. 그리고 그것은 종종 다시 더 나은 빌딩을 위해서 사용된다. 사실, 특히 빌딩이 파괴될 수 있다는 것과 그럼에도 불구하고 물질로서의 가치를 소유하고 있다(HH II:201).

니체에게 있어서 심리학자로서 스피노자를 평가하는 방법은 그의 기하학적 모델과 방법을 자세히 설명하는데 있는 것이 아니고 그가 발전시킨 다양한 제안들을 제공하는 "증거"가 건전한지 아닌지에 달려있지도 않다. 그것은 오히려 그것들을 상자 안에 넣으면서 관념들에 주의를 기울이는 것이다. 그는 다양한 심리학적 현상에 관한 것을 발전시켰고 그것은 종종 통찰적인 것이었다. 스피노자는 철학적 심리학자로서 존경받아야 한다. 니체는 그럼에도 불구하고 스피노자는 그의 체계나 방법 때문이라기보다는 대신에, 그가 생각해낸 많은 통찰력이 그의 설명에 퍼져있다는 것을 효과적으로 제안하고 있다. 그는 그의 체계적인 추론의 방법에 의해서 그것들에 도달했을지도 모른다. ― 왜냐하면 그러한 추론은 다른 곳에서처럼 심리학에서 효과적일지도 모르기 때문이다. ― 그리고 관찰이나 회고에 의해서 다른 것들에서 그는 결과적으로 그의 조직적인 요구들을 만족시키는 위치와 "증거"를 발견하기 때문이다. 그러나 니체에게 있어서 그가 했던 것보다 스피노자가 어떻게 그것들을 생각했는지는 덜 중요한 문제이다. 그가 그처럼 통찰력이 없었다면, 그의 체계는 철학사가들 외에는 어떤 다른 누구에게도 거의 관심이 없었을 것이다.

만약 우리가 여기서 니체의 인도를 따른다면 ― 내가 우리가 그렇게 하는 것이 낫다고 믿기로 한 것처럼 ― 우리는 스피노자의 의도에 대해 어떠한 폭력도 행사하지 않을 것이다. 그러나 니체에게처럼 나에게서도 그것은 그를 그자신의 용어로 전부 받아들이거나 그를 버리기로 결정하는 것이다. 왜냐하면 우리는 우리가 그렇게 할 수 없다는 것을 발견하기 때문이다. 그에게 모든 것이나 — 아무것도 아닌 방법 안에서 접근하는 것보다 그에게 행해진 더 큰 정의를 가능하게 할 것이다. 그러한 선택적인 사용에서 드러나는 죽어있는 스피노자가 아닌 살아있는 스피노자와 그에 대한 재해석을 하는 것은 우리가 윤리학의 페이지에서 마주친 스피노자와 꽤 다르게 보일 것이고 또 그러할 것이다. 그리고 그가 우리에게 제공한 계획으로부터 구출되어지는 관점들을 위해 이러한 것들이 만들어질 수 있고 만들어질 것은 그가 그것들을 구체화하는 것들로 표현하는 꽤 다른 종류의 것이 될 것이다. 아마도 스피노자의 "증거"와 같은 것보다 니체 안에서 우리가 발견할 수 있는 회상의 종류와 같은 더 많은 것을 보면서 말이다. 그러나 나는 니체가 그랬던 것처럼 그를 다루는 이러한 방법은 그를 더 많은 관심과 가장 존경하고 믿음직한 학자로 취급할 수 있는 것보다 현대 철학의 역사에서 중요한 인물이 되게 할 것이라고 확신한다.

8.

내가 제안해 왔던 것은 — 이러한 제안은 비록 어떤 이들에게는 환영받지 못하는 것이지만 — 니체가 스피노자를 그의 "선구자"로서 여겼다는 것은 근본적으로 옳았다는 것이다. 그리고 많은 점에서 니체의 사상은 스피노자에 대한 후대의 재해석으로 여겨질지도 모른다. 19세기 스피노자가 같은 성질이라는 것이 매우 잘 발견될지도 모른다는 윤곽을 따라서 말이다. 스피노자가 신학적-형이상학적 관용구나 선험적 접근과 기하학적 모델과 논쟁의 양태와 원본의 표상을 사용해왔던 원형 이후에 2세기였다는 것을 상상하는 것은 어렵다. 그렇지만 이러한 후대의 스피노자가 『윤리학』의 제3장이 시작할 때 사유의 윤곽을 추구했을 것이다 그리고 그것은 *Propositin* III의 주석에서 이러한 주목할 만한 문장으로 제안된다. 우리가 니체가 2세기 후에 추구하는 것을 발견하는 사람들과 같은 방법 안에서 흄, 칸트, 헤겔 그리고 19세기의 생물학적 진화의 여파 안에서 말이다. 정말로 스피노자에 대한 니체의 응답은 만약 그의 기본적인 사유가 후기-신학/형이상학/칸트주의/헤겔주의 자연주의적 철학적 구조의 문맥 안에서 개정되고 실행되었더라면 스피노자의 생각이 어떻게 보일지에 대한 고려를 아주 유용하게 유발했을지도 모른다. 나의 짐작은 니체와의 적어도 강하고 놀라운 유사점을 간직하고 있다는 것이 제안된다는 점이다.

그러나 이러한 제안을 만들고 있는 내 마음속에 니체는 후기-구조주의의 니체가 아니다. 오히려 내가 붙잡기로 결정한 니체는 수정주의자이다. 그러나 그럼에도 불구하고 더 깊고 더 통찰력이 있고 우리의 인간 실제에의 열매가 있는 이해와 철학이나 지금까지 연구의 다른 형태보다 달성 가능한 상승을 목표로 하는 "미래의 과학"의 가능성에 대한 중요한 개념이다. 이것이 스피노자에 대해 오버베크에게 "그의 전반적 경향은 나의 것과 같(다) ― 즉 가장 힘 있는 감정의 지식을 만드는 것이다 — 라고 쓴 니체의 글이다. 이것은 스피노자가 인간 삶의 "고양"된 형태의 가능성을 확신하는 것과 같이 니체에게는 더 나아갔다. 그러한 고상한 재능과 "인식"에 대한 추구는 중요한 역할을 한다는 말이다.

여기서 스피노자에 대한 니체의 평가는 더 현대적인 용어로써 스피노자의 사유를 개정하려는 노력을 인도하는 것과 니체를 해석하는 내 방법을 지지하는 중요한 공헌이 될지도 모른다. 오버베크와의 소통에서 니체의 증거는 — 그의 후기 작품에서 발견되어지는 많은 문장에서처럼 — 그가 인식의 개념이 의미가 있는 것이나 "신의 죽음"과 인간이 자연으로 돌아가는 번역의 사상에 그의 도달 가능성을 지지하지 않았다는 것을 꽤 명확하게 보여준다. 반면에 그가 1887년의 *The Gay Science*의 5번째 책의 여는 말에서 생생하게 주장하는 것처럼 (그는 "신의 죽음"의 주제를 다시 시작함으로써 시작한다) 말이다. " 모든 인식을 사랑하는 자의 대담함은 다시 허용된다. 그 바다, 우리의 바다, 다시 열린 상태이다. 아마도 '열린 바다'와도 같은 것은 아직까지 한 번도 없었을 것이다.(GS 343)

정확하게 하기 위해서 이것도 또한 *The Gay Science*의 바로 다음 장에서 "진리에의 의지"는 순전히 이성적인 현상이라기보다는 감정적일뿐만 아니라 "우리의 가장 영구적인 거짓말"을 하는 족보와 관련된 파생적인 것이라는 점을 계속해서 인정해 나가는 것도 니체이다. "오늘날 우리 인식에 대한 후대의 추구자들조차 우리 신의 존재를 믿지 않는 반–형이상학자들이 여전히 수천 년 동안 플라톤의 똑같은 신념인 기독교 신앙이(스피노자처럼 그는 덧붙였을 것이다) 신은 진리이

고 진리는 "신성한 것"이라는 신념에 의해서 지펴진 불꽃으로부터 우리의 불을 지피고 있다.(GS 344)

그러나 이러한 인식은 니체가 "진리에의 의지"와 "인식"의 추구에 대해 부정하는 것을 부추기는 것은 아니다. 반면에, 그는 "힘에의 의지"의 표현들로서 확언을 인정하면서 그것들을 취하고, 그것에 대항하여 부딪히는 다른 사람들의 표현에 대항하여 우승한 것이 되면서 그것들을 다시 확신한다. 스피노자는 우리의 다른 정념들에 대하여 나타나는 인식의 사랑을 허락하는 우리의 감정적인 삶의 재정리하는 방법을 지적하는 것을 추구해왔고 우리 안에서 최고의 경향이 되었다. 그리고 마찬가지로 니체는 어떻게 인식과 그것의 추구가 실제와 우리 감정 구성의 지배적인 형태를 만드는지를 보여주려고 한다. "미래의 철학자들의" 인간의 가능성과 "가장 힘 있는 감정으로서의 인식"에 의해서 특징지어진 인간 삶의 강화된 형태를 세우면서 말이다.

스피노자에 대한 해석에서 그를 니체의 선구자로 보는 것은 유용하다. 그의 사유는 그의 바로 반–니체의 관용어, 태도, 이성주의에도 불구하고 니체의 방향 안에 있는 경향이 있다. 그러나 또한 니체의 해석에서 그를 스피노자의 계승자로 보는 것도 유용하다. 그의 사유의 기본적인 경향에서 뿐만 아니라 최고의 인간 가능성으로서 인식에 대한 준비를 하는 그의 결정론에서도 그렇다. 그리고 사실 세련된 추구가 기본적인 덕목과 우리가 우리 안에 획득하기 위해서 가지고 있는 더 높은 인간성의 현저한 형태를 만드는 것 또한 그렇다. 더 높은 인간성과 삶의 고양에 대한 니체의 개념보다 더 있을지도 모른다. 왜냐하면 낭만주의 혁명은 그에게 흔적을 남겼기 때문이다. 우리가 그가 상상하고 추구하려고 했던 철학자로 추구할 수 있고 얻을 수 있는 인식뿐만 아니라 예술과 관련된 창조성을 그가 축하고 격려하면서 말이다. 그러나 그는 전자에 대해서 후자를 포기하지 않았다. 그리고 그 정도로 적어도 그는 그가 매우 존경한 스피노자의 정신에 사실로 남아있었다. 그리고 오늘날 우리가 그와 같이 잘 할 수 있을 것이라는 것이 나의 깊은 확신이다.

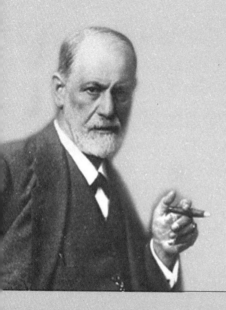

V

스피노자와
프로이드

1.

　나는 왈처 버나드(Walter Bernard)가 특별한 나의 관심의 영역과 촛점에 유념해야 할 사상들에 주의하게 해준 점에 대해 자주 감사를 표시해왔다. 이렇듯 나는 비록 단편적인 형태일지라도 처음부터 최근에 발견된 프로이드가 로테어 비켈(Lothar Bickel)에게 보낸 서한 (1974) — 이것은 이미 출판된 비켈이 프로이드에게 좀 더 이른 시기에 제출한 논문[1])에 대한 회신이었다 — 이 있다는 것을 그로부터 듣게 되었다. 독자들에게 내 자신의 논문을 출판하기 위하여 나는 비켈의 전술한 논문의 그 부분을 영역해 줄 것을 요청했었고 이것이 다음 페이지들에서 알파벳 순서로 나오게 되었다.

---

1)　Lothar Bickel, 'über Beziehungen zwischen der Psychoanalyse und einer dynamischen Psychologie', Zentrblatt für Psychotherapie und ihre Grenzgebietr (April, 1931).

수중에 물건의 관리인으로서, 특별히 프로이드가 비켈에게 보낸 서한의 보관인으로서의 나의 역할 중에서 나는 프로이드주의자들 뿐만 아니라 스피노자주의자들에게도 매우 수수께끼 같고 신비스런 프로이드와 스피노자의 관계를 이전 보다 더 잘 알게 되는 기쁨을 맛보았다.2) 전체 물질은 이처럼 미묘한 일에서는 특별히 의미가 있는 두세 개의 사적 서한들에 기초하고 있다.

첫 번째 서한은 1931년 6월 29일자로 비켈에게 보내진 것인데 이것은 그의 사후에 조차 출판되지 않았는데 이것은 뒤에 남겨진 여러 논문들과 수고들 중에서 발견되었다. 두 번째 서한은 1932년 7월 9일자로 프로이드가 나에게 쓴 것으로 이전에 출판되었던 것이다.3) 이 서한들의 내용을 인용하기 전에, 프로이드에 대한 스피노자의 영향이 프로이드를 연구하는 분들에게 보다는 스피노자를 연구하는 분들에게 아마도 훨씬 더 많은 수수께끼인 반면에, 프로이드가 그의 전 저작에서 스피노자에 대해서 분명 의도적으로 침묵하고 있다는 것에 유의하는 것은 가치 있는 일이라고 생각된다.

스피노자가 심리학의 정신분석학파에 기여한 바를 알고 있는 분들이라면 프로이드의 기본적인 관점들과 17세기 철학자들의 관점들 사이

---

2) Leo Sonntag, Paris, has permission from Lothar Bickel's son Peter at Bakeley; I have obtained permission from Sigmund Freud Copyrights Ltd.

3) Siegfried Hessing, Spinoza Festschrift 1632-1932 (Heidelberg, Carl Winter, 1933); Siegfried Hessing, Spinoza- 300 Jahre Ewigkeit. Zweite vermenhrte Auflage (The Hague Nijhoff, 1962); Walter Bernard, 'Freud and Spinoza', Phychiatry, vol. 9, no. 2 (May,1946).

의 많은 접점들이 있다는 것에 감명 받지 않을 수 없을 것이다.[4]

또한 공명정대한 사상가라면 누구나가 프로이드 자신이나 프로이드와 그의 작업들에 대한 이후 작가들의 경악할 만한 이 같은 침묵에 대해 왈처 버나드와 그의 질문에 동의할 것이다. 프로이드에 관해 지금도 늘어가고 있는 방대한 문헌은 많고 다양한 것들에 전 세계적인 주목을 끌게 했지만 불행히도 스피노자에 관한 것과 관련하여 논의되고 있는 것은 거의 아무것도 없는 것이 사실이다. 여기서 이 분야에 대한 자신의 연구를 근심스럽게 아주 열정적으로 수행한 버나드는 알렉산더(B. Alexander)의 1928년 작 흥미 있는 논문[5]을 발견했는데 이 역시 다음과 같이 역설하고 있다.

정신분석학자들 가운데 어느 누구도 스피노자의 *Trieblehre*에 대해 한 마디라도 언급 한 사람이 없으며 그의 감정과 정념의 이론에 대해 언급한 사람도 없다. 오히려 사람들은 스피노자가 정신분석학자들로부터 승인을 받았을 것이라고 예상할 것이다.

그 이후 1934년 점점 불어나는 놀라움의 쇄도와 관련된 또 다른 연구가와 콘스탄스 레스번(Constance Rathbun)[6]은 '심리학의 여타 다른

---

4) These are the introductory words of Bernard, op. cit.
5) B. Alexander, 'Spinoza und die Psychoanalyse', Chronicon Spinozanum, vol. 5 (1982), p.103.
6) Constance Rathbun, 'On certain similarities between Spinoza and psycho-Analysis', Psychoanalytic Review (January 1934), p.14.

학파보다는 심리분석학과 스피노자 심리학이 좀 더 밀접한 유사점이 있다'는데 유의했다. 버나드 자신은 1931년 봄 비켈의 논문7)에 크게 영향을 받은 것으로 보이는데 이 논문은 요란스런 칭송들에 지금 말한 것처럼 그 이상의 몫을 더했다. '그러나 사람들은 또한 프로이드의 작품을 읽는 중에 스피노자를 상기하게 되며 또한 그 사상의 선이 아주 유사함에도 불구하고 이 철학자의 이름이 전혀 언급되지 않고 있다는 것을 발견하고 놀라게 된다.'

만일 프로이드가 비켈에게 보낸 서한을 받은 즉시 수령인에 의해 출판되었다면, 사람들은 아마 다른 서한 — 그것보다 단 일 년 후에 프로이드가 나에게 보낸 서한-의 존재에 대해 알게 되는 얼마간의 기회가 있었을 수도 있었다. 그리고 이것은 아마도 사람들에게 내가 처음으로 여기에서 공표하려고 한 프로이드가 나에게 보낸 서한보다도 더 얼마간의 만족을 줄 수 있었을 것이다.8) 버나드는 훨씬 후에야 즉 2차 세계대전의 종결 후인 1946년에 나에게 프로이드의 첫 번째 서한을 이런 식으로 공표했다. 그리고 그 당시에 그는 스피노자에 대한 프로이드의 논란의 소지가 있는 태도에 대해서는 아직 깨닫지 못했고 그래서 그가 다음 같이 추정했던 것은 전적으로 옳았다.

프로이드 자신에 대해 말한다면 그가 스피노자를 알았고 연구했다는 것은 의심의 여지가 없다. 그의 정신분석학적 연구에 있어 스피노자가 얼마만큼 그에게 영향을 끼쳤는지는 답하기 어렵다. 아마도 그

---

7)   Bickel, op. cit
8)   Bernard, op. cit

는 스피노자를 한 사람의 철학자로 그리고 형이상학자로 알고 있었을 것이다. 우리가 발견할 수 있는 스피노자에 대한 *유일한* 언급은 1932년 7월 9일자 지그프리트 헤싱(Siegfried Hessing)에게 보낸 서한일 뿐이었다.

1946년 '프로이드와 스피노자'에 대한 논문을 집필하는 동안에도 버나드가 이 주제에 대한 여타 다른 초기 서한에 대해 알고 있지 않았다는 것은 아주 분명한다. 이제 우리는 이 두 서한을 서로 연결함으로써 그리고 아마도 프로이드가 나에게 보낸 다른 (세 번째) 서한과의 연결을 통해서 비켈 자신이 구하고자 했으나 판별할 기회조차 없었던 두 서한들을 심사숙고하여 고찰하는 문제에 직면하게 된다. 여기서 프로이드는 자신과 스피노자의 유사점을 나의 첫 번째 논문『스피노자-기념학술 논문』(Carl Winter, Heidberg, 1933)에서 표현했던 것처럼 알버트 아인슈타인(Albert Einstein)과 야곱 바써만(Jakob Wassermann)의 방식으로 그것을 인정함으로써 명확히 했다.

내가 이런 식으로 스피노자와 프로이드에 의한 도발적인 부정에 대해 스피노자 연구(*Vereniging Het Spinozahuis*)의 총재 허벨링(H. G. Hubbeling)은 1975년 10월 20일에 나에게 이렇게 썼다.

스피노자에 대한 프로이드의 의존에 대해 말한다면, 당신의 서신들은 매우 유용한 것입니다. 스피노자로부터 프로이드에 이르는 연결선이 있었다는 점은 이미 자주 인정되었습니다. 그리고 당신이 언급한 그 서한이 이를 증명합니다!

그리고 이와 유사하게 간사인 귀도 반 슈텔렌(Guido van Suchtelen)
은 자신의 견해를 1975년 10월 17일에 다음과 같이 표명했다.

여러분들은 오직 틀린 사상들과 신화들을 제거하는데 도우려는 목
적을 위해서만 여러분 자신의 공명으로 프로이드의 주장을 공표해야
합니다.

제임스 콜린스(James Collins) 역시 이 같은 '프로이드의 사건'을 나
에게서 듣고 경악했던 것처럼 보인다. 1975년 10월 29일 서한에서
그는 이렇게 말했다.

나 역시 프로이드 자신의 비밀스런 발췌록 뿐만 아니라 스피노자와
프로이드에 대한 당신의 비평들에 아주 관심이 많습니다. 나는 스피노
자와 프로이드의 관계가 스피노자와 아인슈타인의 관계 보다는 훨씬
덜 결정적이라고 생각합니다. 아마도 아인슈타인이 실제로 스피노자를
연구했었고 그가 철학적 진리들이 과학적 진리들과 별개의 것일 수 있
다는 것을 인정하려 했다는 것이 이유입니다. 프로이드는 관심을 일반
적인 분위기의 일종으로 이야기함으로써 스피노자와 자신의 직접적인
관계를 최소화하려 했던 것으로 여겨집니다. 나는 프로이드가 자신만
의 케이크를 갖고서는 그것을 또한 먹기 원했다고 생각합니다. 그는
자연의 질서와 원인-결과 관계들의 보편성에 관한 스피노자 사상의
장점을 취하길 원했습니다. 그러나 프로이드는 이것이 철학에 대한 분
명한 의존성과 세계질서와 인과율을 논증하는 필요를 만들어 내는 것

을 허용하길 원하지 않았습니다. 프로이드는 자신의 환경으로부터 주어진 많은 것들을 취하였으며 따라서 그는 방법론적으로 자신의 몇 가지 중심 가정들에 독립적인 철학적 정당화 과정들을 제공할 필요에서 스피노자와의 이런 종류의 관계를 인정하는데 다시 선을 그었습니다.

스피노자의 선물에 의해 후대에 끼친 스피노자 유산의 정신이란 전통적인 방향을 따르는 나는 모든 사람이 자기 자신의 견해를 만드는 것과 담쌓는데 반해 이 사건을 '내 자신의 공명'에 주고자한다. 당신이 잡을 수 있는 감각은 얼마나 많은가! 프러시아의 프레드릭 왕은 이 같은 노선을 견지했다. 비록 전체주의 국가들, 전체주의적 획일화를 지닌 조직들, 클랜 등등……. 단 하나의 동일한 보편적 진리를 가정하는 자신들 만의 독점 슬로건들을 지닌 모든 것들에서는 더 이상 유행할 수 있는 것이 아니지만, '만인을 각자의 방식에서 행복하게 하라' 이런 연유로 나는 저명한 스피노자 학자(Errol E. Harris)[9]를 인용해야만 한다고 생각한다. 이 같은 프로이드의 괴벽을 우리들의 서한 왕래를 통해 알게 된 후 그는 나에게 1975년 11월 다음과 같이 썼다.

프로이드에 대한 주석에 감사합니다. 그것은 흥미 있는 것입니다. 그러나 프로이드는 의심의 여지없이 다음과 같이 말하는 게 옳을 것입니다. '철학적인 합법성이 나에게는 아무런 관련이 없다.'

---

9) Errol E. Harris, Salvation from Despair- A Reappraisal of Spinoza's Philosophy(The Hague, Nijhoff, 1973).

이제 그 서한들을 논의하기로 합시다. 자신의 논문을 발표한 후, 비켈은 만족한 것이 아니라 프로이드의 반응을 보길 원했습니다. 그래서 그는 프로이드의 스피노자에 대한 완전한 침묵을 들어 올린 베일을 알아 보기위해 그 자신과 그의 저작에 대한 부정할 수 없는 충격임에도 불구하고 정당화가 가능한 예상이란 동봉한 편지와 함께 이 논문을 제출했습니다. 여기 복사한 것은 비켈이 받은 아주 분개한 프로이드의 편지를 재출판한 것입니다.

    친애하는 선생님,

    스피노자의 가르침에 대한 나의 의존성은 내가 아주 의도적으로 인정하는 것입니다. 나는 그의 이름을 직접적으로 말할 이유가 전혀 없습니다. 왜냐하면 나는 그를 연구해서가 아니라 그가 창조한 환성으로부터 나의 가정들을 얻었기 때문입니다. 그리고 그 같은 어떤 철학적인 정당화 과정은 나에게 전혀 중요하지 않습니다. 본래 철학에 재능이 있지 않은 나에게는 새로운 것이어서 스스로 베일에 가려져 있지 않았고 손상되지도 않았으며, 훼손되지도 않았으며 준비되어진 것도 아닌 그런 사실들을 필연성의 덕목으로 그리고 가능한 한 철저하게 스스로 연구했습니다. 철학자를 이해하려고 노력하는 중에, 나는 사람들이 스스로 그 사상에 전염되어 자신들의 작업 중에 그 철학자의 지침을 견지하려는 것은 불가항력이라고 생각했습니다. 따라서 나는 니체에 대한 연구를 또한 거절했는데 그것은 사람들이 그에게서 정신분석학과 매우 유사한 견해들을 발견할 수 있다는 이유 때문이 아닌 바로 위와 같은 이유 때문이었습니다. 나는 결코 내 자신의 우월권을 주장하지 않았습니다. 브루너(C. Brunner)에 대해 나는 무지했기 때문에 어떤 것도 알고 있지 않습니다. 나는 페흐너(Fechner)에서 쾌의 본성에 관한 단 하나의 유용한 것을 발견했었습니다.[10]

친애하는 당신의 프로이드가

우리는 프로이드가 루 안드레아스 살로메(Lou Andereas-Salome)를 후에 알게 되어 그를 존중하고 찬탄하고, 그리고 친구가 되었을 뿐만 아니라 스피노자의 추종자로 전이되는 것과 아주 유사한 친구관계가 되었다고 추측할 수 있다. 나는 여기서 모교의 유급서비스나 립서비스를 제공하는 작가들과는 아주 다른 레싱(Lessing), 노발리스(Novalis), 하이네(Heine) 등과 같은 작가들의 정신을 갖고 있다. 잘 알려져 있는 프로이드와 루의 관계는 그녀를 릴케(Rilke)에게 고귀한 연결을 확립하면서 더 가깝고 더 친밀하게 가져간 것보다도 훨씬 더 프로이드를 스피노자에 더 가깝게 가져갔다.

그러나 좀 더 이른 시기에 조차, 즉 비켈에게 보낸 스피노자에 대한 프로이드의 첫 번째 서한의 '우발적인 사고' 후 일 년에서 조차, 프로이드는 스피노자에 관해 언급한 자신의 두 번째 서한 — 나에게 보낸 첫 번째 서한-에서 스피노자에 대한 전향적인 태도를 보여주었다. 여기서 그는 스피노자와의 이전보다도 훨씬 더 밀접한 유대를 암시하고 있다. 프로이드가 비켈에게 보낸 서한의 존재와 그 배경을

---

10)　TRANSCRIPTION 1 OF LETTER SHOWN IN PALTES 6 AND 7.

알지 못한 관계로 나는 스피노자에 대한 프로이드의 열린 고백과 충성심에 의해 나의 전술한 첫 번째 논문인『스피노자-학술기념논문』(1632~1932)에서 여타 다른 스피노자 찬미자들 가운데 그를 등재하는 것을 굳혔고 그때 그는 다음과 같이 나에게 썼다.

친애하는 선생님,

나의 전 생애에 걸쳐 나는 이 위대한 철학자의 사상에 대해서 뿐만 아니라 그 개인에 대해서도 다소 특별한 수줍은 존경을 보여 왔습니다. 그러나 나는 이런 태도가 전체 세상 앞에서 특별히 이미 다른 사람들이 언급하지 않았던 것을 나 역시 말하지 않았음으로 그에 대한 무언가를 말할 자격이 부여되지는 않았다고 생각합니다. 계획하고 있는 학술기념논문과 동떨어져 있는 나를 용서해주시기를 그리고 나의 동감과 존경을 확신하시기를 기원합니다.[11]

당신의 프로이드가

내가 프로이드에게 출판된 학술기념논문 사본을 송부했을 때, 그는 또 다시 1933년 3월 19일자 서한에서 스피노자에 대해서 나에게 썼다. 나는 결코 이 서한을 이전에는 전혀 언급하지 않았었지만 나는 이제 프로이드와 스피노자의 관계란 논쟁 중에 이것을 공개하는 것이 적당하다고 생각한다. 이제 책들을 통해서 라기보다는 개인적인 접촉을 통해 증명되어진 점증하는 자기 위탁을 더 잘 드러내 보이기

---

11)   TRANSCRIPTION 2 OF LETTER SHOWN IN PLATE 8.

위해 프로이드가 나에게 보낸 두 번째 서한 사본을 비교할 수 있도록 독일어와 영어 텍스트를 나란히 내어 놓는다.

친애하는 선생님,

당신이 『스피노자-기념학술논문』을 보내주신데 대해 감사드립니다. 저작의 풍부한 내용과 느낌을 여러 측면에서 지적한 점에 감명 받았습니다. 저작에서 언급되어진 것 중 내가 느낀 점은 두개의 타자들 역시 나처럼 한 가지 방식으로 언명되어진다는 사실로써 이 저작의 타협점을 발견한 것입니다. 아인슈타인은 스피노자에 대한 유일적 사랑만으로는 그의 기여를 정당화하는데 충분하지 않다는 적절한 말을 발견했습니다. 나는 당신의 저작을 우리의 저널 *Imago*에 보냈습니다.[12]

존경하는 당신의 프로이드가

한 가지가 분명하게 그리고 우리의 결론으로 분류되어 남게 된다. 프로이드는 실제로 '전 세상(vor aller Welt!) 앞에서' 공개적으로 어떤 것도 말하려고 하지 않았고 그는 아마도 시기가 되었다고 생각했을 때에는 언제나 몇몇 사적인 접촉이나 기회에 이 특권을 배타적으로 남겨두었던 것 같다. 마지막에 인용된 서한, 즉 나에게 보낸 두 번째 서한은 이미 프로이드가 마음을 열게 되어 아인슈타인과 야콥 바써만과 같은 다른 사람들이 스피노자에 대한 자신들의 경의, 즉

---

12) TRANSCRIPTION 3 OF LETTER SHOWN IN PLATE 9.

'스피노자에 대한 유일적 사랑만으로는 그의 기여를 정당화하는데 충분하지 않다'에 동의했다는 것을 발견하고는 행복해했다는 것을 보여준다. 따라서 프로이드는 '사랑'의 일반적인 태도에 대해 강조하는 식으로 스피노자에 대한 자신의 사랑을 증명하고 있으며 이미 다른 이들과 함께 이를 공유하려고도 한다. 스피노자는 믿을 수 없는 예언자인 발람의 역할로서 특별히 지그문트 프로이드와 같은 사람들로부터 아주 잘 사랑받을 가치가 충분한데…… 프로이드는 인간의 접근방식에서 소위 '퍼사드(facade)' 뒤에서 인간 자신의 무의식적 자각을 끌어들였는데 이 이 '퍼사드'는 증언해 줄 수 있는 어떤 증인도 없이 자아분석적 자아접근법을 통해 성공적으로 통과되어야만했다. 스피노자의 말로 풀면 전 세상의 얼굴에 관한 인간 자신의 얼굴, 희넹(Hui-Neng)이 태어나기 전의 인간의 참 얼굴이라 불렀던 우주 전체의 얼굴…….

2.

이제 이전에는 아주 독창적인 것으로 보여졌지만 현재에서는 독립적인 자아표현을 위한 자연스런 충동으로 여겨지는 프로이드의 유사한 태도를 지적하는 의견을 공표하는 다른 원전[13]들을 보도록 하자.

---

13) 거의 반세기 전에 칼 게바트는·대부분의 스피노자주의자와 프로이드주의자들에 앞서서 극단적으로 현명하게 다음과 같은 것을 직관적으로 알았다. 스피노자는 감정들의 역동력을 시작해왔고, 그것은 그의 시발점이 우리의

리처드 월하임(Richard Wollhim)은 프로이드에 대한 비평 논문들을 수집했으며[14] 크리스토퍼 리브(Christopher Reeves)는 라디오와 재방요청을 하는 청취자들을 통해 큰 반향을 일으켰다. 리브는 자아직면(Self-Confrontation)이 독자로 하여금 참을 수 없는 자기구속을 야기하는 몇몇 외형적으로 흐릿한 관점들 더 잘 수용하게 돕는 그런 어둠침침한 영역을 조명함으로써 폭 넓은 관심을 이끌어내는데 두려워하지 않았다. 처음에는 프로이드의 것과 유사한 바로 그 분석적인 정신이 결과론적으로 혼란을 야기하는 분석의 대상이 되었다. 크리스토퍼 리브의 말에 따르면[15], 월하임은

새삼스럽게 프로이드의 이론을 그의 동료-기여자의 이론들과 함께 연구하고 있으며 또한 정신분석학의 특정 측면들이 사고과정들에서의 상상력의 취급, 자기기만에 대한 이것의 설명 및 개념형성 중에 언어의

시대에서 모든 본질적인 논제와 결과들 안에서 정신분석학을 통하여 그것의 확신을 경험해왔던 그의 살아있는 스피노자주의의 증인이 될 수 있었다. 첫 번째 단계에서 정신분석학은 치료법이었고 의사의 경험과 함께 그것에 만족할 수 있었다. 자, 두 번째 단계에서, 그것은 경험적인 심리학의 기계공으로부터 역동설에 의해서 우리를 자유케하는 장점 안에서 그것을 소유하면서, 심리학이 되어왔다. 만약 세 번째 단계에서 요구한다면, 이미 지금 세계의 개념(세계관) 속으로 더 깊이 침투되어서 전달된다면, 그렇다면 그것은 스피노자주의 안에서 그것의 더 깊은 자아의 형상을 인지할 수 있을 것이다.('Spinoza: Judentum und Barock'. 1927년 3월 12일 비엔나 대학의 클라이너 축제에서, 유대 아카데미 협회 앞의 축제에서의 강연)

14) Richard Wollheim, Freud A Collection of Critical Essays(New York, Double- Day, 1974).

15) Christopher Reeves, 'Was Freud a Scientist?', The Listener, 15 January 1976.

역할과 같은 오늘날 심리철학자들이 연구하고 있는 주제들과 관련되어 있다는 것을 밝히려 노력하고 있다.

프로이드에 대한 이같이 새로운 비판적인 재평가는 그로 하여금 유사한 언급들 — 프로이드 자신에 의해 그의 자서전적인 연구에서 부끄러움 없이 확인되었던 언급들 — 이 연관되어 있는 한 스피노자에 관한 이런 사적인 서한들에 주의를 환기하게 한다. 여기서 우리는 '초기에 그가 구성적인 수용불가능성이라 명명했던 것으로 야기한 철학에 대한 자신의 회피'를 분명하게 알 수 있다는 점을 강조한다, 또한 우리는 비엔나대학 학생이었을 때, 프로이드가 아마도 철학적 지침에 대해서 그리고 역설적이게도 독립에 대해서도 본능적으로 연구하고 있었다는 크리스토퍼의 주장을 또 다시 상기하게 된다. 이제 몇 가지 일치점들이 반복되어 질 필요가 있는데 이것들은 말하자면 내성의 동일한 주의력과 연결되어질 것을 구걸하는 것이다. 프로이드의 스승인 브렌타노(Franz Brentano)는

수많은 프로이드의 후기 사상들, 특별히 심리학적인 물음의 중심적인 주제로서의 개인의 행동에 대한 프로이드의 의도적인 것 혹은 의미 있는 내용에 대한 강조를 예견케하는 심리학적 방법들에 관한 논문을 집필하는데 몰두해있었다.

이제, 우리는 묻지 않을 수 없다. 왜 특별히 자신의 숙명에 직면하여 갈림길에 서 있었던 청년기 프로이드의 브렌타노에 대한 침묵에

대해서 보다 완숙기에 스피노자에 대한 그의 침묵에 대해 더 더욱 비탄스런 이런 소동을 만들었는가? 대체 왜? 비켈에게 보낸 서한의 그의 말을 인용하면 프로이드는 결코 더럽혀지길 또는 적어도 누군가의 가르침으로 더럽혀졌다고 보이길 결코 원하지 않았다. 그러면서 그는 이미 충분하게 인용했던 두리뭉실한 말로 암시했다. 그리고 바로 이런 이유로 프로이드는 니체만이 아니 다른 경우에서도 하위 지침으로 해석되어 질 수 있는 여하한 어떤 연관이나 접촉도 꺼려했었다. 그가 알려지기 원했던 바는 말하자면 그와 스피노자의 관계의 경우에서처럼 (스피노자의) 원인 즉 이성(causa sive ratio)에 대한 아무런 빚 없음으로 자기 자신의 자발성이 어떻게 '자기 방식으로' 자신의 독립적인 독창성을 철저히 연구했는가였다. 그렇다!

　프로이드의 분석에 따라 결론을 내리면, 우리는 다음과 같이 물을 수 있을 것이다. 대체 자신의 잠재적 혹은 후대 미래의 비판적인 독자들이나 작가들 모두를 예상해서 만족시키기 위해 그런 식으로 집필할 수 있는 작가가 있단 말인가? 프로이드는 자신의 목적을 이 같이 꾀하여진 방법으로 이르는 중에도 또한 반면 자신들의 정신과 충동을 통해 걸러진 프로이드주의와 의도를 동료들이 그만둘 때에도 자신의 방법에 관련이 없기를 원했다. …… 나는 여기서 이런 저런 회화작품을 창작할 때 예술가가 실제로 마땅히 숙고해야만 하는 바를 설명하려고 시도했던 지역 평론가이기도한 위대한 예술가인 마르크 샤갈(Marc Chagall)의 환영회에서 실제로 일어났던 일을 다시 말하고자 한다. 그에 대한 소개와 열렬한 갈채가 끝난 후 샤갈은 다음과 같이 말하면서 스피커에 감사해하며 일어섰다. 당신은 제게 아주 홍미 있는 내적 암시들, 즉 제가 전에 내적인 것이라고 생각했던 것에 관한 회화를 그리는 동안 제가 생각했던 것을 당신이 바로 그 후에 가르쳐 준 것은 얼마나 위대한 일인지요. 그리고 마침내 오늘날 아이들이 자신들만의 이미지에 따라 그리고 자신들만의 기호에 따라 자신들의 부모를 고를 수 있는 그 어떤 기회나 선택권도 갖고 있지 않다고 아주 서운해 하는 불평을 듣지 않게 되었습니다. 즉, 부모에 의해 야기되는 걱정이나 결점 때문에 나중에 그들을 비난하는 것을 피할 수 있게 되었습니다.

이제껏 들려지지 않은 혹은 '프로이드 전문가들'이란 전문가들이 관여로 말미암아 특별히 그들의 평범함에도 불구한 탁월한 재능에 의해 들려지지 않았던 두 개의 목소리들이 여전히 있다. 이 두 목소리란 바로 티모시 리어리(Timothy Leary)와 랄프 렛츠너(Ralph Metzner)의 그것이다.

융과 프로이드를 정확히 비교하기 위해서 우리는 개개 대상에 특화된 이들의 이용 가능한 자료들을 살펴보아야만 한다. 프로이드의 경우 그것들은 다윈, 전통열역학, 구약성경, 르네상스 문화사 그리고 가장 중요한 유대가정과 밀접한 지나치게 흥분되어져 있는 분위기이다.[16]

---

16) Timothy leary, Ralph Metzner and Richard Alpert, Psychedelic Experience (London, Academic Edintions, 1971), p.13. 칼 포퍼는 그가 마르크스와 프로이드에게 환멸을 느꼈음을 드러냈다. 메다워(P. B. Medawar) 또한 프로이드에게 환멸을 느꼈다.

티모시 리어리는 랄프 멧츠너와 리처드 알퍼트(Richard Alpert)와 연합하여 공동의 이해에 따라 함께 위험을 무릅쓰고 인간 무의식의 완전성이란 경험상 환각적인(즉, 정신 확장적인 그래서 정신 명시적인) 우리 시대의 입맛에 훨씬 더 맞게 하기 위해서 『티벳의 죽음서』(The Tibetan Book of The Dead)[17]란 고대 텍스트를 주석하고 바꾸어 말하려고 시도했다. 스피노자의 살아 있는 모든 것. 그럼에도 불구하고, 편견 없는 관찰자라면 프로이드가 비록 이 같은 인식할 수 없는 땅으로 더 발전하는데 실패했지만 그가 훨씬 더 받을 가치가 있는 곳에서 그에게 주어진 참된 영예를 발견할 수 있다.

프로이드가 자아는 불안의 참된 자리라는 매우 참신한 구절을 썼을 때, 그는 매우 참된 그리고 깊이 있는 직관을 표명한 것이었다. 자기희생의 공포는 모든 자아에 깊이 잠복해 있는데 그 공포는 종종 최고의 강도로 폭발하려는 위태롭게 통제된 무의식적인 힘들의 요구와 같다. 자기중심성(개별화)을 추구하는 사람이라면 이같이 위험한 (초월적인 주체적 실재로) 나아가는 길을 용서하지 않을 것이다.

이것은 또한 스피노자의 가장 중요한 그의 『윤리학』에 나오는 첫 번째 금언을 생각나게 한다. '존재하는 것 모두는 그 자체로 존재하는 것이거나 다른 (말하자면, 자아)로 존재한다'

따라서 가공의 자아(pudgala)가 가공의 '타자' 그것 자체로란 불멸

---

17)   W. Y. Evans-Wentz, The Tibetan Book of the Dead(New York, Pantheon, 1951)

의 공포 가운데에 존재한다는 프로이드 불안의 참된 자리는 자신의 집에서 낯선 전체 우주를 보는 그같이 편안한 의자로 기대되는 그 어떤 편안함과 실제적인 휴식을 전혀 제공하지 않는다. …… 몇몇 사람들에게는 삶의 지혜의 티벳적 원천인 이 독특한 『죽음의 서』는 짚시 학자인, 에반스 왠츠(W. Y. Evans-Wents)에 의해 처음으로 서구의 지평에 이르게 되었고 융의 심리학적 비평을 통해 그리고 탁월한 라마승 아나가리카 고빈다(Lama Anagarika Govinda)18)의 세 번째 판 서문을 통해 연결되었다. 인간의 알지 못하는 것을 탐구하는 이 세 사람들은 모두가 이 티벳의 지침서에 대한 연구를 진척시키거나 인간 자신의 알려지지 않은 것을 직면하기 위하여 그들이 적용하려했던 관점들이라면 그 무엇도 프로이드와 관련된 용어들에 이르게 된다. 그래서 '비록 프로이드의 것이 마치 본능의 동물적 영역으로부터 즉 그 아래에서 영혼의 영역이 탄트라 라마교(Tantric Lamaism)에 따르면 이승과 저승 사이에서 삶을 정리하는 시간(Spida Bardo) 혹은 환생의 상태에 일치하는 것처럼 비록 프로이드의 것이 서구에서 최초로 연구되어진 시도일지라도 바로 이 형이상학의 정당화 가능한 공포가 프로이드로 하여금 '신비'의 영역으로 스며드는 것을 방지한다고 지적했을 때 융은 얼마간 구속되어 있었다. 이렇듯, 프로이드는 유형적으로 비동양적이었으며 자신이 스스로 강제한 규정들에 의해 구속되었

---

18) 라마승 아나가리카 고빈다는 '다차원적인 의식'에 대해 말했고, 그의 저작 '근대 사유의 주요 흐름'에서 발췌록을 나에게 보냈다. 또한 카를로 수아레스는 그의 저작 Mémoire sur le retour du Rabbi qu'on appelle Jésus (Paris, Robert Lanffont, 1975)에서 처럼 매우 유사한 점을 발견하는 것에 날카롭게 접근했다.

다. 에반스 왠츠는 이런 규정들이 심리학적인 연구를 항상 붙잡아 둘 수 없다고 생각했다. 따라서 그는 융이 그의 선배, 즉 프로이드의 규정들을 넘어 훨씬 더 앞으로 나아갔다고 여긴다. 왜냐하면 그는 '프로이드의 이론에서는 무의식에 대한 본질적으로 부정적인 평가를 제거할 수 있는 그 어떤 것에 이르기가 불가능하다'고 주장하기 때문이다. 그리고 완전함에 관한 기록들이 인류의 과거에 외견상 불멸인 채로 보관되어 있다. 곧 아카샤(Akasha, 인도 철학의 空) 기록물들에 대한 동양의 말들…… 그리고 이것들은 여전히 프로이드의 덕목을 경시하지 않는다고 융은 생각하고 있다.

우리는 정신분석학의 도움으로 서구의 합리주의적인 정신이 이승과 저승의 삶을 정리하는 시간의 '신경증'으로 밀고 들어가 심리학적인 것은 어떤 것이라도 주체적이고 개인적이라는 무비판적 가정에 의해 여전히 피할 수 없는 입장에 이르게 되었다는 것을 사실이라 진술할 수 있다.

에반스 왠츠는 동일 선상에서 인간 영혼에 대한 훨씬 더 높은 차원을 추구하는 것은 의심의 여지없이 부적절한 프로이드의 방법들, 즉 오늘날 유행하고 있는 주체를 정신분석함으로써 얻어지는 것이 아니라 명상과 자기분석을 통합함으로써 얻어진다고 생각한다. 이것들이 바로 라마승 고빈다의 그 서문에서 주목했던 동양 요가의 심리학적 기술들에 암시들이다. 그리고 바로 이것을 에반스 왠츠가 서구정신을 위한 동양적 지혜의 위대한 정수로 아래와 같이 보았다.19)

[일단 원인 즉 신 : 그 자신을 취하고 또 다른 것을 취하래는 스피노자의 공리적 진리가 이해되어지면, 충분히 두드려 보이는 원인 즉 또 다른 이성으로부터 또 다른 원인 즉 다른 이성 등으로] 감각 후에, 즉 안정적이지 않은 *sangsaric* 실존 후에 동경이나 목마름. 이 원인 [혹은 준 타자성 그것 자체의 원인]이 계몽에 의해 극복되지 않는 한, 죽음은 끊임없이 탄생 다음에 또 탄생은 죽음 다음에 나온다. 즉 계몽은 [준 타자성 그것 자체 등을 위한 원인과 이유로] *sangsaric* 실존의 비실재성을 깨닫는 것으로부터 나온다.

프로이드는 자신이 정신의 자동적으로 관능적인 자기도취적 태도로 확인한 내성을 선천적으로 혐오했다. 그래서 융은 프로이드가 (전체주의적인) 공동체 감정에 대한 공격으로 내성을 비난할 당시(1939!)에 독일 국가주의 사회주의 철학과 같은 부정적인 자세를 공유한다고 비난한다. 지그문트 허비츠(Sigmund Hurvitz)[20]는 하시드의 신비주의에서 즉, 매치리흐의 위대한 설교자(the Great Maggid of Mesritch)에서 아주 잘 명시된 내성의 자기 침중성을 아주 열렬히 웅변한다. 그는 초인격적(즉 초원인적 혹은 초이성적)으로 또한 정신의 원시적인 상태(무의식)로 되돌아가기 위해서 유대신비철학인 카발리스적 상징론에 나오는 한 쌍의 개념처럼 자아 없는 몸을 몸이 없는 자아와 연결하는 탈 자아화를 시도할 만큼 내성 행위에 정통하게 된다. 프로이드는 무의식을 다른 이들이 영혼의 의식적 조작이라 일컫는데 반해 억압

---

19) Das Tibetaniche Totebuch (Zurich, Rascher, 1960), p.6.
20) Zeitlose Dokunente der Seele (Zurich, Rascher, 1952), P.206.

된 감정으로 여기는 반면, 약간의 의식의 단편(보편성의 대양에서 한 조각의 빙산의 보여 지는 모자 부분과 아주 비슷한 10분의 1)을 더 강조한다.

이제 소량의 의식을 지닌 자아에 대해 우리는 에고 자신의 알려져 있지 않은 대양적인 전체성 혹은 보편성을 자기 개별화하고 자기 특화하는 경향이 나오고 있다고 말해야 한다. 이 때문에 옛 사람들이 일자와 다자의 유사 딜레마를 해결하려고 논쟁했던 것이다. '일'을 하나의 수로 잘못해서 볼 때 그리고 불확정성의 비원인적 비실재적 원리로 조망하지 못할 때, 이것은 아인슈타인과 같은 사상가들에게도 조차 진리로 나아가는 장애물이 되었다……. 일의 수로 볼 때, 자아는 당신이나, 그 사람이나 그녀에게나 혹은 그 사물과 같이 유사 다른 자아와 대비해서 나타남이 틀림없으며 이로부터 자아는 자신의 유사 타자성, 그것 자체의 투사들에 기인하는 공포와 분노를 지닌 고통에 저항한다. 당신의 전율로서의 이성혐오증, 전율, 또 다른 바로 나와 다른 누군가에 대한 공포이다. 전체적으로 다르거나 혹은 완전한 타자성이다. 오직 이 유사 타자성의 양성적 개념 내에서 서로 보완하는 관계를 자각할 때에만, 이 유사성은 계몽을 통해 참된 비타자성을 원인 즉 이성, 그것도 취하고 또 다른 것을 취하라!를 넘는다. 그리고 잡는 것은 감춰져있는 것, 즉 자신이 알지 못하는 것의 숨겨진 것을 걷어 내는 막과 비슷하다. 따라서 자아는 다른 자아들과 대립해서 더 이상 존재하는 것이 아니라 물방울처럼 작고 협소한 의식을 우주적인 신성한, 즉 대양적이고 보편적 전체의식으로 확장하는 동안 그 물방울을 대양과 다시 동일시하는 것과 유사한 전체로 존재한다. 계몽이 이 겁먹은 자아를 유사 자기성, 그것 자체로의 환영으로부터 해방시킨다! 그 이전까지는, 즉 계몽이 자기 엄폐란 기나긴 어둠을 밝히기 전까지는 아주 불안정한데 앨런 왓츠(Alan Watts)같은 소수의 사람들만이 자기 구속으로부터 자기 구제를 이끌어내는 '불안정의 지혜'[21]를 발견할 수 있었다. 아주 수수께끼 같은 불안정은 '자기 혹은 타자'란 즉 희망 혹은 공포란 — 이것들은 모두 카발라와 스피노자 이후의 쌍 개념들이다. — 상호교체적인 유령들이 출몰하는 '분노의 자리'에 잠복해있다. 자신의 내적인 것을 직관하고 내적 통찰을 할 때, 사람들은 우리는 난쟁이의 거인적 자긍심, 자아는 존재에 의해 혹은 자아의 존재는 보편성에 의해 되어지는, 우리들이 존재한다는 선물로 제공된 생기 있는 모든 것의 우주적인 신성한 암시를 더 잘 파악할 수 있다. 바로 여기에서 스피노자는 복수적으로 말하고 있다. '우리들은 인식하는 것이 아니라 감각한다. 그리고 우리들은 영원히 존재하는 모든 것을 경험한다. 본질의 열매들……'

따라서 개체화되지 않은 나와 그의 나의 정신성은 분할불가능성 혹은 전체성, 즉 완결성, 보편성의 장막을 걷어 냄으로써 유사 개체화 로 나아가는 것으로부터 피하길 원한다. 이 '분노의 자리'에 선점하고 있는 공포는 곧 바로 비어 있는 공포로, 즉 보편성에 대해 부정적으로 먼저 읊어 진 측면으로 정체가 폭로된다. 혼자 동 떨어져 있다는 것 의 공포는 전체의 일자성 혹은 일자의 전체성에 대한 희망으로 대체 된다. 부정적으로 파악된 공포나 분노 역시 보다 약화되는 것처럼 보이며 쌍 개념에 의한 보편성 이전에도 그 쌍에서 스스로 고립된

---

21)   Alan Watts, The Wisdom of Insecurity (New York, Vintage Books, 1951).

자아정신을 진정 시킨다. 여기서 그 공포는 타자성, 그것 자체란 유령처럼 나타나는 나의 것이 아닌 너의 공포, 그것 자체로 다른 것이다. 막스 플랭크(Max Planck)는 행복을 그처럼 불편한 불안의 자리에 그 자신의 공포를 훨씬 더 잘 동기화하는 유령세계를 창조하는 것으로 해독하는데 반해, 불안한 나와 그 나의 신뢰할 수 없는 나의 정신성을 유인해내서 공포스럽게 함으로써 다양한 유령문제들을 해독해 냈다.

충분히 질문될 수 있는 것들 가운데 화이트헤드의 질문을 살펴보자: 사람은 무엇을 고독해하는가? 이것들은 자기직면이란 도전과 임무에 모두 연관되어 있다. 위의 물음은 다음과 같이 더 잘 명료해질 수 있다. 공포라는 독에 감염된 자아는 그 같은 고독을 피하거나 초월하기 위해 자신의 불안의 자리에서 무엇을 하는가? 전체의 일자성 혹은 일자의 전체성은 스피노자의 유사 확인불가능한 살아 있는 모든 것을 개체화에 의해 다시금 확인케하는 구제책인 것이다. 나는 여기서 보편성이나 전체성을 다소 개체화라 부르는데 나는 버크 민스터풀러(R, Buckminter Fuller)가 이것을 '시너지'(synergy)라 명명한데 대단히 반가웠다. 그렇다면 우리의 이름 없고 알 수 없는 존재를 위한 이 새로운 라벨은 무엇을 위해 세워졌나?' 시너지는 본질과 같다. 여기서 우리는 물질을 넘어서 있는 정신을 목격하며 인간성의 배타적 정체성의 피난처를 얼마간 주권화된 두레가 쳐진 지리적 영역으로 목격하게 된다.[22] 랄프 렛츠너(Ralph Metzner)는 '의식의 지도들'[23]

---

22) R. Buckminster-Fullerm, Operation Manual Spaceship Earth (Illinois University Press, 1969), p.99.

을 철저하게 연구했고 그 중 하나가 '무의식적'이라 잘못 명명되어진 두 수준들을 또한 인지하고 있다. 스피노자의 관념은 살아 있는 모든 것을 통해 많은 수준들에서 다차원적인 의식을 암시하는데, 반면 아비지(Mr. Aveage)는 자기 편의에 따라 거대하고 불가사의한 전체성을 손쉽고 일반적인 의식과 무의식의 '사용'(또 다른 쌍 개념)으로 쪼갰다. 이것은 그 개념을 더 잘 입맛에 맞게 만들어서는 보편성·전체성을 전체의 유일성이나 유일성의 전체성으로 지적하기 위해서 다른 라벨들과 수준들에서 어느 정도 더 잘 명명된 개별화를 위해 작동한다. 멧츠너는 다음과 같은 사실을 평가절하하지 않았다.

프로이드가 뿔로 황소를 잡고 저항의 문제들과 방어기제들을 직접적으로 극복하려 했다는 프로이드의 명성에 대해서 말하자면…… 인간의 내적 상태에 대한 대상화는 본래 물려받게 되거나 얻게 된 이미지들과 기제들로부터 인간을 해방시키는 어렵고, 장황하며 빈약한 이해 과정을 필요로 한다.

그리고 스피노자를 위한 증언대에 여전히 서있는 나는 특별히 '우리가 깨닫지 못하는 중에도 영혼에 영향을 끼치는 것들이 아주 많은데, 대체 이것들은 무엇이란 말인가'라는 문구를 발견했을 때 스피노자와 연관된 프로이드를 볼 수 있다. 스피노자에게 있어 '인간은 자신이 기원하고 욕구하도록 야기하는 원인들에 대해서는 동시에 무지한

---

23)   Ralph Metzner, Maps of Consciousness(New York, Collier, 1971), p.5 ff.

반면에, 즉 그것들이 무언지 꿈에도 생각지 않으면서 [오직] 자신의 기원들과 자신의 욕망들을 의식한다'는 것은 논쟁의 여지가 없는 공리적 진리로 남아 있다. 멧츠너는 자신의 용감한 탐구적 연구를 아주 자만해서 자기 발견들에 만족해했던 프로이드가 안식처를 찾는 곳까지 연장했다.

(후에 그의 동료들에 의해 밝혀진) 똑같이 검증되지도 검증가능하지도 않은 관찰들에 기초한 일치하지 않는 이론들과 요점들에 대한 자신의 발견들 때문에 …… 물리학에서 하이제베르크(Heisenberg)의 불확정성의 원리로 표현되는 관찰된 현상과 관찰과정의 불가분의 상호작용은 관찰된 현상이 관찰자들 자신의 주관적 상태라는 것은 심리학에서는 물론 가장 중요한 것이다. 그러나 우리는 자아 요인들에 의해 야기되는 지각의 전인격적이고 근본적인 왜곡들과 개성 경계 내의 관점들이 관찰자 자신에 의해서도 거의 인식되지 않는다는 것을 발견한다. 프로이드의 전체 작업 중 약한 지점은 그의 방법, 즉 실제로는 전혀 자유롭지 않은 '자유연상들'이란 기술이었는데, 왜냐하면 그것은 신경증 기제들의 고착된 유형들을 따르기 때문이다. …… 그러나 불행히도 분석학자들의 해석에 의해 보완되었을 때에도 그 방법은 이런 기제들로부터 자유롭지 않았다. 분석되어진 환자는 자신의 전체 신경증 역사와 관련되어있지 그것을 극복하는데 더 밀접하게 관련이 있다고 할 만한 것은 전혀 없다.[24]

---

24) 같은 책, 스피노자에 있어서 조사자에 대한 진보는 스피노자가 그의 저작에서 정신을 정의내리기 위해서 사용한 육체의 양상과 '자동장치'에 대해 사용

여기서 멧츠너는 캘리포니아 벨리 센터(Valley Centre)에 러셀 폴 스코필드(Russel Paul Schofield)에 의해 창설된 실재주의학파(the School of Actualism)에서 구제책을 제공할 수 있는데, 여기서 그는 성공적으로 몇 가지 다음의 기술들을 적용했다.

자각이 의식의 많은 수준들로 연장될 만큼 즉 우리의 일상적인 자각 너머로 각인된 이미지들로부터 지각을 해방시키려고 잠재성들을 실재화하도록 기획되었다.

여기서 나는 다시 나의 탁월한 교사인 스피노자로부터 내가 배운 것과 조우하고 그것을 인정하게 된다. (프로이드와는 반대로) 내 자신을 나의 전체성이나 개체화된 존재(불가분한 존재처럼)와 동일시하는 충동에 '더럽혀라.' 스피노자는 개체화나 보편성의 목표로 자신들의 방법을 상론할 때 그런 현자들의 목표를 지적하는 손가락이다. 개별적인 것, 특수한 것뿐만 아니라 우리들의 모든 살아 있는 것들은 존재한다! 이런 방법은 협소한 나의 정신성을 비타자적인 보편성이나 전체성이나 완전성의 전체 정신화된 자기 지식으로 연장한다. 현자는 이렇게 해서 행복하게 되며 자신을, 신을 그리고 세상을 (유사 다양성과 다수성을!) 의식할 때 불가분한 동일 존재와 재자각을 통해 재동일화하는데 자유롭다. 그리고 이런 재동일화능력은 바로 우리가 모든 것이고 전체성이라는 것 — 유사 다수(ones) 혹은 비유사 셀 수 없는, 무한한,

---

한 '기계론'이라는 용어와 평행을 이루고 있음을 상기시켜주었다.

불확정적인, 하나이면서 전체 혹은 전체이면서 하나인 '일' — 을 증명한다. 우리는 그것에 대한 우리의 자각에 주목할 때 모든 것이며 살아 있는 것이다, 즉 그것을 우리로서 그리고 우리를 그것으로 자각할 때 전체의 일자이다. 우파니샤드란 고대 정신에 따르면, 우리는 능산 즉 소산과(naturans sive naturata)와 같은 생명(anima), 생명을 불어 넣음(animatio), 생명이 있는(animantia) 즉 영혼이 있는 것(animata) '안에' 그리고 그것들과 '같은' 상호의식으로서의 의식이외의 그 어떤 것도 아니다. 오직 살아있는 하느님의 정신 만이 유일하다! 『세페르 예지라』(*Sepher Yetsirah*)의 첫 번째 구절은 시초(Bereshit)의 첫 번째 구절을 보강한다. 영적지식(gnosis)을 통한 창세기와 창세기를 통한 영적지식. 또는 정말로, 모든 단일성을 통해서와 하나의 모든 것. 우리는 아무것도 아니지만 의식이 있다고 나는 반복을 한다. 그리고 이제 우리는 다음과 같은 화이트헤드의 메시지를 더 쉽게 파악할 수 있다. '주체들에 대한 경험을 제외하고는 아무 것도, 정말로 아무 것도 없다.'[25] 유대의 난해성, 심원에서 빌려온 다른 말로 하자면, 오직 한분(Echad)만 있고 다른 이(Acher)는 없다. 다른 것을 가지지 않는 일 그리고 여기서 인도의 난해성, 심원이 이것을 가장 잘 보강한다. 두 번째를 가지지 않는 일, 불이일원론(Advaita), 둘이 없음 즉 타자!

스피노자는 사람들이 알지 못하는 실체에 대한 자기 탐구에 대한 어떠한 안내도 피했지만, 그는 그러한 구원적인 진실에 접근하고 싶을 때에는 프로이도와도 같은 사상가를 고취시키는 그러한 사상가였

---

25)　Process and Reality, p.234.

다. 이것은 체계와 새로운 것들을 위한 오래된 이론의 설명에 의해서 조사될 수 없지만, 이것은 자기경험과 자기실현, 그리고 실제하지 않는 유사점의 환영에 대한 다른 것들을 통하여 매혹한다.

태초부터, 신비(*mysterium*)는 다음과도 같은 메시지를 소중히 보호해 왔다.

너 자신을 알라! 그리고 너의 이웃을 사랑하라!

그러나 편의를 위해서 이것은 다음과도 같이 왜곡되었다.

너 자신을 사랑해라! 그리고 너의 이웃을 알라!

신 즉 자연(Deus sive Natura)는 신의 사랑 즉 자연의 사랑(*Amor Dei sive Amor Naturae*)과 함께 인식을 본래의 성경적인 의미 안에서의 사랑으로 바꾸는데 당신을 놀라게 할 수 있다. 그리고 나서 인식은, 다른 자기 소외를 완화하기 위해서 유사—타자 자체를 알려고 관여하지 않는다. 유사—자아 자체를 사랑하려고 관여하지도 않지만, 그러나 유사함(quasiness)을 초월하고 원인 즉 자기의 이성(causa sive ratio sui)을 재증명 하려고 한다. 즉, 불확정성의 원리와 함께……. 그러한 정신에서 스피노자는 콘브로커(cornbroker)에게 편지를 한번 보낸 적이 있다. '자신의 분명한 생각과 함께 너의 마음을 흔든 것은 그 신일 것인데, 그렇기 때문에 너는 그의 사랑에 대한 세상과 너의 친구들을 너 자신같이 사랑하라는 것을 잊어버린다!' 그리고 나서 아마도 당신은 스피노자가 느꼈던 것과도 같이 도전을 받았다고 생각할 텐데, 너는 유사–타자성 자체와 또한 유사–자아 자체를 잊어버리기 위해 신과 세상(물질들의 것)과 동일하게 너는 충분히(확장된!) 스스로를 의식할 것이다. 우주전체의 신성과 모든 의식을 통한 모든 일임(alll-oneness)과 하나–모든 것(one-allness) 안에서, 오직 하느님!(Yahweh Echad!) 그러고 나서 당신은 다시는 의식과 의식 아래(sub-consciousness) 나 초의식(super-consciousness)의 차원이나 무차원을 지지하지 않을 것이다. …… 이것은 마치, 우주전체의 바다에 있는 방울이 그 스스로 의식적으로 되는 것과, 세상의 방울들 또는 파도 그리고 충분한 바다가 하나가 되는 것, 그리고 그렇게 대단한 '대양같은 감정'이 같은 모든 — 앎과 함께 되는 것과 마찬가지다. 삼매, 해탈, 열반 그리고 득도. 모든 사람이 부처와 예수와도 같은 것같이 모든 방울은 전체의 개인적인 바다와도 같다. 하지만 단지 몇몇의 것들은, 숙명적으로 선택된 것들은 타고난 전체성을 경험하기 위한 것을 알고 있다. 오직 스피노자와도 같은 이만이 스스로의 표현할 수 없는 미지의 것을 말할 수 있을 것이다. '우리는 우리에게 영원한 존재를 감각하고 경험한다.'

이 어조는 전체적인 표현할 수 없는 모든 방울과 파도의 바다의 존재를 포함하는데, 즉 바다의 전체성을 위해 유사 자기 독립성(quasi perseitas)을 포기한 유사 동일하지 않은 방울 자체이거나 파도 자체를 포함한다. 프로이드는 그의 '불안의 자리'에서 너무 '기쁨이 없는 것(freudlos)'했고, 베토벤이 인간의 표현할 수 모든 살아 있는 것(omnia animate)을 위한 존경과도 같은 있음과 오케스트라의 목소리를 경계선을 위한 노력을 했던 마지막 교향곡에서 기쁨의 노래(das Lied an die Freude)로 그 스스로 일으켜 세울 수 도 있었다. 인간은 유사–자아 자체나 유사–타자 자체의 방해물을 초월하기 위한 자기제한의 경계 구역을 조사하기를 간절히 원할 때, 지그문트 프로이드가 그의 가능 성과 성향을 가졌던 것처럼, 절대로 개인의 숙명적인 반경 안에서의 노력을 업신여기면 안 된다. 모든 인류를 위한 서양에서나 성인, 현 인, 도사 그리고 승려의 동양에서의 스피노자의 손가락 지점을 따라 간다면 우리는 모두 자기 속박에서 자기자유를 위해 걸어가고 있는 순례자들이다. 인간이 그의 개인적인 모습이나 전체적인 것을 발견 했을 때 그는 마치 실제의 타자 자체가 존재하지 않는 것처럼 다른 이들을 도와줄 수 있게끔 인류를 도와줄 수 있을 것이다. 만약 나와 내 아버지가 하나라면, 마찬가지로 나와 모든 형제들은 타자 자체가 더 이상 아니다…….

에반스 왠츠는 용기보다 더 좋은 것을 찾지 못했고 『법구경』 (Dhammapada)과 같이 자유의 관한 티벳의 책을 소개할 때 그들의 '불안 의 자리'에서의 모든 자아를 소원했다.

하루를 사는 것이 더 나았다.

좋은 인생을 발전시키며 하루를 사는 것이 악하고 훈련되지 않은 정신과 함께 100년을 사는 것보다 나았다.

이해와 명상을 추구하며 하루를 사는 것이 무지와 제한 속에서의 100년을 사는 것보다 나았다.

성실함과 노력의 시작과 함께 하루를 사는 것이 나태와 노력하지 않는 100년을 사는 것보다 나았다.

근원의 대한 사고와 합성의 대한 정지에 대해 생각하며 하루를 사는 것이 그러한 근원과 합성에 대한 사고를 하지 않고 사는 100년 보다 나았다.

훌륭한 이론에 대해서 알며 하루를 사는 것이 훌륭한 이론을 모른 채 100년을 사는 것보다 나았다.

VI

스피노자와
사르트르

『상상력』(*L'Imaginaire*)에서 사르트르는 의식과 자유는 하나라고 주장한다. 한 개인을 의식이 있는 것(인식을 수행할 수 있는)으로 묘사하기 위해서는 그 개인을 또한 자유로서 묘사해야만 한다. 그러나 이것이 왜 주장되는지 명확하게 하기 위해서 그의 이론을 가지고서, 실제하지 않는 것의 상태를 개인이 스스로 상상할 수 있는 연결이나 중재를 이용해만 한다. 이 논문에서 나의 논점은 이 과정이 스피노자에 의해서 생각되기도 하였고 또한 거부를 당했는데 사르트르는 스피노자의 원래의 비평은 증명하지 않은 채, 이 과정을 단지 그의 용어로만 바꾼 것처럼 보인다. (그럼에도 놀라울 정도로 스피노자의 것과 유사하지만)

『상상력』의 첫 번째 결론에서 사르트르는 내적 감각으로 여겨진 의식의 구조에 관한 칸트주의자들의 주장을 찬성하는 현상학적 방법을 포기할 것이라고 저술했다. "그것이 상상할 수 있는 의식이라는 사실로부터 의식에 귀속될 수 있는 성질은 무엇인가? 이 물음은 형상 아래에서 비평적인 분석의 의미로서 생각될 수 있는 것이다. 일반적으로 인상의 구성이 항상 가능하게끔 하는 의식의 본질이 무엇인가?[1]

그렇다면, 의식의 본성에 관해서 다음과 같은 추론이 만들어지는데 이것은 어떠한 물체를 실제 세계의 한 부분이 아니라는 것을 지향할 수 있어야 한다. (비실재의 가설을 사실로 가정한다[2]) 이러한 힘을 가지기 위해서는 먼저 이것이 지향적으로 실제 세계로 향하고 있음을 스스로 깨달아야만 한다. 또한 이것은 하나의 관점에서 그것의 대상을 사실로 가정해야만 한다. (켄타우르스가 비실재로 출현하기 위해선 세계가 켄타우르스가 존재하지 않는 세계로 이해가 되어야 하며 그리고 이것은 세계가 켄타우르스가 존재할 수 없는 정확한 세계를 이해하기 위한 의식이 다른 동기들에 의해서 이끌어 졌을 때에만 실현가능하다[3]). 마지막으로 그가 주장하기를 의식은 반드시 특정한 실재로부터 자유로워야만[4] 하며 세계 내의 다른 상황들에게 대항하며 스스로의 상황을 초월할 수 있어야만 한다.

사르트르에게 있어서 특정한 실재로부터 이러한 자유는 상상력 있는 의식의 본질이다. 그가 말하기를, 하나의 관점에서 세계를 자유롭게 지향하는 의식은 인식에서 경험한 "자유의 apodeictic한 직관"[5]을 설명하는 다른 방법이다. 그러므로, 그의 주장에 따르면 우리의 의식 스스로의 구조를 위한 상상력의 능력의 적용을 반영할 때 의식

---

1)   L'Imaginaire, Citadel Press translation, p.259.
2)   *Ibid.*, p.265.
3)   *Ibid.*, p.268.
4)   *Ibid.*, p.269.
5)   *Ibid.*, p.270.

과 자유는 동일한 것으로 여겨진다. 아마도, 어떠한 중요한 문제가 아닌 것이, 상상하고 있는 의식에 대한 변증법적인 본성에 대한 사르트르의 주장은 스피노자의 유명한 공식인 "모든 결정론은 부정이다"에 나타나 있다. 그럼에도 불구하고 나의 존재와 의식에 대상을 부정하면서 나 스스로 결정한 변증법적인 관점과, 세계는 실제의 세계가 아니라는 관점에서 보았을 때에 상상력의 세계가 불가피하게 나의 입장이라는 점은 단 한 번도 스피노자보다 강조된 적이 없었다. 어쨌거나 스피노자가 의식에 관해서 확고한 변증법적인 입장을 가졌다는 것을 주목할 필요가 있다. 그러나 나는 여기서 사르트르의 상상력과 자유에 관한 관계의 주장의 특성을 나타내는 스피노자의 판단과 대립적인 반대의 긴밀한 유사점을 강조하고 싶고 또한 자유의 "현상학적인 자유"처럼 인식에서의 자유의 경험을 언급할 것이다. 스피노자와 사르트르가 뚜렷하게 유사한 것은 바로 이 공통된 인식과 자유에 대하여 무조건적으로 다른 수용성을 가진다는 점이다.

스피노자는 개별자가 세계에 대한 인식을 얻을 수 있는 세 가지의 방법이 있다고 생각했다. 이것들은 정점에 있는 개별적인 것들의 본성에 대한 직관적인 인식과, 가운데에 있는 일반적인 것들의 추론, 그리고 밑바닥에 있는 상상력이다. 그러나, 우리가 지금 고려하고 있는 상상력에 대해 생각하는 상상력에 관한 스피노자의 관찰을 이용하는 것이 바람직한 것인가? 또한 시각화 하는 것이나 반대로 자신의 원인이 되는 것이나 감각적으로 존재하지 않는 대상에 주의를 기울이는 것에 대한 스피노자의 관찰을 이용하는 것은 바람직한가? 대답은 그렇다는 것이다. 그 이유는 우리가 지금 의미하고 있는 것들에 대해 스피노자가 상상으로써 다른 것들 가운데서 의미했기 때문이다. 『윤리학』의 세 부분으로 이루어지는 인식의 층에서 그는 또한 직관적인 인식의 표제아래 포함될 수 없는 한에 있어서 상상력의 지각에 의해서 의미했다. 그가 일반적인 상상의 지적 재능 또한 소망했다는 것은 명백하다. 그리고 이 부분에 대한 그의 작업과 『상상력』 사이의 유사점을 비교하면서, 전자는 후자에 영향을 끼치지 않을 수 없었던 적어도 네 가지의 이유들을 추측해 볼 수 있다.

① 그의 유일한 스피노자에 대한 언급이 결정론의 모든 것들은 부정적이다는 원리에 불과하지만 『상상력』에서 사르트르에 의해서 사용된 용어는 놀라울 정도로 스피노자의 것과 유사하다.

② 상상력에서 정신은 오직 수동적일뿐이라는 스피노자의 입장은 사르트르의 다른 입장인 상상력은 그것의 전체적인 활동의 패러다임이라는 주장에 동기를 부여했을지도 모른다.

③ 스피노자의 인식 속에 가장 낮은 형태로 있었던 것이, 사르트르에게서는 가장 높은 것으로 바뀌었다. 우리는 아마도 상상력에 대한 사르트르의 과장된 존경이 17세기 스피노자의 합리주의자들의 불신에 빗댄 반응일지도 모른다는 것을 생각해볼 수 있다. 무엇보다도, 그는 그것을 믿지 않았는데 그 이유는 그것이 우리에게 인간에 자유에 대한 환영을 준다고 생각했기 때문이다. 여기서 우리는 스피노자에 대한 사르트르의 전체적인 범위의 빚을 볼 수 있다.

④ 우리의 자유에 대한 개념과 이해에 대한 그들의 공통된 믿음은 상상할 수 있는 우리의 능력으로부터 굉장히 많은 영향을 받았다.

우리는 사르트르의 자유에 대하여 가장 논란이 되는 주장이 사실 스피노자에 대한 반대되는 의견임을 볼 것이다.

스피노자의 『윤리학』에서 상상력과 관계된 가장 중요한 절은 '정신의 본성과 근원'에 대한 명제 13이다.[6] 명제에 대한 증명은 우리가 지금부터 불러야할 인식에 대하여 관계하고 있다. 명제가 "만일 인간의 신체가 외부적 신체의 본성을 포함하는 방법으로 영향을 받는다면, 인간 정신은 실제로 존재하거나 현존하는 것으로서 외부적 신체를 숙고할 것이다", 증명은 다음과 같은 지각의 예들을 제안한다. 우리는 태양이 질 때까지 본다. 또는 후기 낭만주의 실체화의 다음 문에 의해서 익사될 때까지 초기 바이올린 소나타의 순전한 선을 듣는다.

하지만, 명제 XVI에 대한 추론은 적절하게 상상력을 다루고 있음이 명백하다. "정신은 인간 신체가 마치 그것이 존재하는 것처럼 한번 영향을 받은 것에 의해서 외적인 것을 숙고할 수 있다. 그들이 현존하거나 실존하지 않음에도 불구하고 말이다." 이것은 여태까지 상상력에 대한 단지 제한된 조망을 허용했다고 생각될 수도 있다. — 나는 유니콘을 본적이 없기 때문에 상상할 수 없다. 더욱이, 추론의 증명이 조사를 통과할 수 없는 심오한 의학적인 사고를 의지하고 있다.

그러나 스피노자는, 우리가 "존재하지 않는 것을 고찰"할 수 있다

---

6)   references are to the O.U.P. fourth edition translation by W. Hale White and revised by A. M. Stirling, pp.67-70.

고 인정하기 때문에, 주석에 관해서는, 언젠가 한번 우리의 몸에 영향을 끼쳤던 무엇인가를 우리는 상상할 수 있다고 주장하지 않는다. 이것은 또한 베드로와 바울의 관한 절이 제시하고 있는 "존재하지 않는 것"은 "더 이상 존재하지 않는다"와도 같다는 의미가 충분히 있다. (물론, 여기서 베드로와 바울은 사르트르의 선택된 인물들이다.) 그러나, 만일 그렇다면, 한 번도 존재하지 않았던 상상력이 "다른 이유에 의해서 만들어졌다"라는 가능성이 존재한다. 어떠한 상황에서도, 상상하기 위해서는 존재하지 않는 것들이 마치 그것이 존재하는 것처럼 고찰하는 것이다라고 스피노자는 말한다. 이 주장은 ① 무는 사르트르에 의해 상상하는 것에 귀속된다("상상적인 의식은 그 대상을 무로 가정한다."[7]) ② 상상화된 베드로를 "그의 바로 그 현존 아래의 부재"[8] 와 확실한 연결성이 있다.

이제 베드로와 바울에 관한 절로 돌이켜 보면, 우리는 스피노자가 "베드로의 정신의 본질을 구성한" 그의 생각을 적은 것을 볼 수 있다. 우리는 사르트르로부터 그러한 생각의 퇴행과 관련된 어려움이 그를 먼저 숙고하는 인식 안에서의 직접적인 자기의식의 교리였음을 알 수 있다.

이렇게 정평이 난 스피노자의 영향은 상상력의 자유에 대한 이론에서의 인정되지 않은 영향의 가설을 뒷받침해준다. 그리고 물론, 사르트르의 베드로가 이론상 본질을 가지고 있지는 않고, 또 그가 선택되지는 않았지만 비난받은 그리고 본질적인 특성을 실제에서는 부여

---

7) L'Imaginaire, p.14.
8) *Ibid.*, p.104.

받았다.

스피노자에 따르면, 인상은 신체적인 과정에 의해서 결정된다. 그의 정신의 본질인 베드로의 사고는 그에게 즉시 알려졌고 그것은 인상이 아니다. 그에 말에 의하면, 베드로는 정신적인 그리고 신체적인 외견을 가진 하나의 실체이다. 그러나, 바울이 가지고 있는 베드로의 사고는 바울의 신체적 기계론에 의지하고 있는 인식이다. 베드로가 없을 때에는 바울의 신체는 베드로의 사고 그리고 나서 인상을 유지할 수 있게끔 한다. "우리가 이러한 영향들을 인간 신체에 줄 것이다. 마치 그것들이 현존하는 것처럼 외부적인 신체들을 우리에게 표상하는 관념, 비록 그것들이 사물들의 형상을 실제적으로 재생산하지 않을지라도 말이다. 이성이 이런 식으로 우리의 몸을 고찰할 때, 우리는 이것을 인상들이라고 부를 수 있다."

인상은 다른 것의 형태를 재생산하지 않는다는 사르트르의 입장은 스피노자와 같다. (매우 특정한 방법으로 인상 안에서 대상이 발생한다. 판테온은 같은 방법으로 상상력있는 의식으로 나타날 수 없는데 그것은 지각적인 의식이기 때문이다. 베르크손이 말한 것 같이[9] 인상이 '어떤 것의 부분이 나란히 놓아진 것이라는 표현'이라는 것은 사실이 아니다.) 신체의 역할에 대해서는 사르트르의 입장이 스피노자의 것과 다르며 일반적으로, 스피노자의 것의 대한 응답으로 보여진다. 그에 따르면 자유로운 의식은 인상을 구성하는 실제 대상의 유비라 불리우는 운동감각과도 같은 특정한 신체적인 부분을 만들어 내는데 지나지 않는다. 그는 의식이 유비를

---

9) *Ibid.*, p.127.

구성한다고 유지하고 싶었을지도 모르지만, 그의 판단으로써 이것들은 스피노자와는 달리 한 번도 지각적인 영향으로 기억되지 않았다.

스피노자는 신체적인 상태와 기억을 통한 인상-의식 사이의 연결고리를 만들어 내는 반면에 사르트르는 유비의 사용을, 스피노자가 가정한 기계적인 방법을 고려하지 않은 채, 자유로운 의식의 실행으로 남겨둔다. 이것이 바로 그 이유인데, 스피노자는 모든 상상가들이 어떤 특정한 그림에 대하여 느낌을 가지고 있을지도 모른다고 생각하면서도, 그는 한 번도 유니콘과 같이 우리가 한 번도 본적이 없는 무엇인가에 대한 상상을 충분히 고려하지 않는다. 모든 사건에서는, 스피노자에게 있어서 한 번도 존재하지 않았던 무엇인가를 상상하는 것은 의식의 자유로운 실행이 아니지만, 과정은 충분한 이성의 법을 허용하는 신체의 과정들에 의해 지배받는다.

우리가 지금 용어상의 유사점 때문에라도 이 연결이 우연적이 아님을 살펴본바와 같이 스피노자와 사르트르의 연결을 강화하기 위해선 사르트르의 자유로운 상상력의 학설이 스피노자의 현상학적인 직관의 관점을 어떻게 다시 쓸 수 있는지를 보여주어야만 한다. 주석의 마지막 부분이 우리에게 필요한 자료를 제공해준다. 스피노자가 말하기를, "지성은 오류에 있지 않은데 그것은 상상하기 때문이지만, 그러나 여태까지 현존으로서 상상하고 있는, 존재하고 있는 것들을 배제하는 관념을 원하는 것으로서 고려하고 있다. 이성으로써, 그것이 현실화되기 위해서 존재하지 않는 것들을 상상할 때 동시적으로 그것이 진짜로 존재하지 않았음을 알게 되며, 또한 특별히 만약에 상상력이 단지 그것의 본성에 의존한다면, 다시 말해서 만약에 지성의 능력이 자유롭다면 상상력의 힘이 그것 본성과 그것의 결점이 아닌 것 때문에 상상력을 생각하게 될 것이다."

이제야 비로소, 사르트르가 단순히 스피노자의 힌트를 적용시키며 그의 형상학적인 그리고 칸트주의자들의 방법들의 조화로부터 지성은 정말로 그것의 근본으로부터 자유로우며 모든 상상적인 의식은 대상에 대한 무존재를 가정한다는 것을 발견한다는 사실이 확실해졌다. 내가 상상할 때 나는 오류 속에 있지 않은데 그것은 정확하게 말해서 내가 그러한 단정을 만들고 또 환영적인 인식을 가지고 있지 않기 때문이다. 그러므로 사르트르는 스피노자의 필요한 재능을 지성에게 부여하는 것과 이것이 자유롭다라는 것을 주장하는 두 가지의 힌트를 적용시킨다. 그러나, 스피노자에게 있어서 자유는 순수하게 내가 내 스스로 즐기기 위해 헛되이 상상하는 현상학적인 것인 반면에 사르트르에게 있어서 현상학적인 자유는 (내가 자유로워지기 위해 내 스스로 상상하는, 또는 대립자를 믿기 위해서 내 자신이 선택하는 자유롭게 상상하는 사실) 명백히 내가 자유롭다는 것을 보여준다.

이것은 스피노자의 비평을 반대하면서도 어떻게 문제삼을 것인지를 보여주는 것은 어렵지만서도, 우리는 여기서 사르트르의 것을 현상학적인 성찰로서 나의 생각의 자유를 증명했다.

나는 다른 행위의 과정을 상상할 수 있고 또한 하나의 특정한 것을 고를 수 있으며 그러므로 나는 자유롭게 행동할 수 있다. 이렇게 때문에 사르트르는 여기서 자유의 직관으로부터 위와 같은 입장으로 거대하고 논리적인 도약을 스스로에게 허용했다. 그러나 현상학적인 자유는 실제적인 자유에 대한 논리적인 보장을 제공하지 않는다. 스피노자는 상상의 숙고에 대한 결정론적인 결론을 주장하지 않는데 그의 결정론의 기반은 독립적이며 그리고 그의 체계적인 근본원리가, 사르트르의 존재론이 사르트르를 독단적이고 극단적인 자유의지론 으로 이끌었던 것처럼, 스피노자를 불합리하게 결정론으로 이끌었다 고 주장할 수도 있다. 그러나 반대로 사르트르는, 스피노자는 부조리 하게 보았던 기능을 수행하기 위한 자유의지론 속에 상상력을 강조 한다. 왜 우리가 상상한 것이 결정되지 못하는가? 그리고 왜 상상할 수 있는 능력이 수행할 수 있는 능력으로 적용되지 못하는가? 이러한 의심은 자유와 상상력, 사유 사이의 관계를 고려하는 힘과 매력을 보면서 사르트르를 환영할 수 있다. 하지만 그는 스피노자 자신이 제안했던 어려움들을 극복하는 데는 실패하고 말았다.

그렇다면 사르트르주의의 자유론에서 무엇이 더 남았는가? 체계 안에서, '인간은 자유'라는 격언적인 진술이 있다. 우리는, 필연적인 진리까지도 적용되는 것처럼 보이는 하이데거주의자들의 불확실성 을 제외하고는 자유가 세상의 불확실한 진리보다 더 옳지 않다고 비 난한다. 의식적인 존재, 의식은 자유라는 것, 그리고 우리의 상황을 변화될 수 있다고 보는 힘을 제외하고는 어떠한 진술도 만들어질 수 없다. 그렇기 때문에 우리가 자유롭지 않았더라면 우리에게 결정된 세계란 존재하지 않았을 것이기 때문에, 공리적으로 인간은 자유이 고 결정지어진 세상에서의 의식적인 허무라는 것은 사실이다. 박물 관에서 드골 장군을 상상하기 위해서는 우리가 반드시 자유로워야 한다고, 사르트르는 칸트주의자의 방법으로 단지 말하지 않는다. 자 유는 오히려, 정확하게, 상상적인 프로젝트와 우리가 세상 속으로 가져올 수 있는 무로 존재하고 있다. 그러므로 그는 의식적으로 계획된 자유로운 행동과 결정지어진 존재가 되기 위한 그리고 존재를 의식하기 위한 우리의 단순한 무능력 사이를 구별하는데 실패한다. 장군을 박물관에 투옥시키는 것과 단순히 이상적인 몽상 속에서 장면을 그리는 것 사이에서 말이다. 이 모든 것들은 스피노자가 그랬던 것처럼 상상적인 현상학적 자유는 환영이며 자유로운 행동의 합리성으로서 충분히 불충분하다는 것을 얘기하는 것은 아니다. 그러므로 우리는 라이프니츠의 지침을 살펴봐야 한다. "우연적인 즉, 자유로운 것과 필연적인 것, 다시 말하면 자유로운 것 사이에 의미가 담겨져 있다."[10]

명제 13에 대한 주석의 스피노자적인 유혹을 온화하게 수용하는 사르트르주의자의 이론에 있어서 이러한 결점의 혼적에 기발한 것으로는 나에게 보이지 않는다.

---

10) "Refutation of Spinoza", Scribner, Leibniz, Selections, p.492.

VII

스피노자와
메를로퐁티

그가 종종 데카르트를 언급해야만 한다는 것에 우리가 놀랄 필요가 없다. 왜냐하면 그는 프랑스인일 뿐 아니라, 더 많은 점에서, 철학에 있어서 소위 데카르트 학파의 전통이라고 불리는 것과 근본적으로 다르기 때문이다. 그가 자주 칸트를 언급해야만 한다는 것은 놀라운 일이 아니다. 왜냐하면 만약 최종적인 결론이 없다면, 그의 사유는 명백하게 어조에 있어서 선험주의자적이기 때문이다. 그가 종종 홋설을 언급해야만 한다는 것은 누군가가 어떤 이의 『지각의 현상학』이라고 제목이 붙여진 주요 작품으로부터 기대하는 것과도 같다. 그러나 메를로퐁티가 스피노자의 다양하고 중요한 점을 언급해야만 하는 것과 다른 사람들이 이름을 사용하지 않고 스피노자의 구절을 확실히 사용하는 것은 내 생각으로는 우리를 놀라게 할 만큼 중요한 것이다. 나는 그것이 최소한 논문 한편정도의 가치가 있다고 생각한다.

스피노자가 이름에 의해서 언급 되어진 것이나 인용문에 대한 많은 관용구에 의해 암시된 구절에 주의를 기울임으로써 시작하려고 한다. 첫 번째 주목할 만한 문맥은『현상학』에서 초기에 발견된다. 그 책의 서론 부분 3장에서 메를로퐁티는 그 자신의 입장을 기술한다. 비록 그 자신의 사유에서 지배적인 주제에 대해 공정하게 말해졌음에도 불구하고 말이다. 그것은 합리주의자의 상대적 장점에 중심을 둔다. 만약 관념론자가 아니라면, 그것은 철학에서 데카르트, 스피노자, 헤겔 그리고 훗설과 같은 인물에 의해서 취해진 자세를 취한다. 문맥에서 질문은 그 본문에서(현상학. 49-51(번역. 39-41)), 그것은 지성주의라고 불리운다. 그가 악한 천재를 언급함으로써 보여준 것처럼, 그는 이러한 철학자들이 가장 급진적인 형태로써의 회의주의에 대한 인식론– 형이상학적 반응을 주는 것을 원했다는 사실을 알고 있다. 데카르트 자신은 그의『명상록』첫 번째에서 공식화했다. 그자신이 참으로 이러한 회의주의에 대해 거절하기를 바라기 때문에 이러한 "주지주의자" 철학자들에 의해서 주어진 반응은 그를 흥미롭게 하는 것이다. 예를 들면, 의식이 그 자신의 기준이라는 헤겔의 확언, 그리고 실제로 그가 인용한 철학자는 스피노자라는 것이다. 사실 그가 라틴어로 인용한 철학자는 스피노자라는 것을 인용했을지도 모른다. 저자를 밝히지 않았음에도 불구하고 사실 그는 간결하게 진술된 스피노자의 라틴어 대답인 "우리는 동일한 진리를 가지고 있다."라는 문장을 인용한다.[1] 그리고 이 어구가 명확하게 인용되어 있는 문맥은 그자신의 관점을 표현하는데 도움이 된다는 것을 나타낸다. 그것

---

1)   첫 어구는 the Tractatus de intellectus emendatione, Opera, edition Gebhardt, II, p.14에 나타난다.

은 우리는 진정한 사유를 가지고 있고, 우리는 어떠한 회의주의도 우리를 몰아낼 수 없다는 것으로부터의 진리에 있다는 그자신의 관점이다.

이것은 단지 그가 단지 비판해왔던 모든 학설에 따라서 그의 입장을 진술하는 메를로퐁티의 잘 알려진 경향이 아니다. 그가 데카르트에 대해서 한 것처럼, 사실 그는 정말로 스피노자의 어떠한 광대한 비판을 하려고 하지 않았다. 물론 그가 스피노자에 반대하여 깎아내리는 몇몇의 분리된 점들이 있다. 예를 들면 지각은 연역적 추론이 아니다.[2] 그리고 훗설의 경우에서처럼, 그가 시간적으로나 학설에 있어 너무 가깝기 때문에 스피노자가 길고 명백한 비판으로부터 도망했다라는 것은 사실이 아니다. "나는 생각한다 그러므로 존재한다." 또는 "존재는 지각된 것이다."와 같은 인용된 구가 철학적 용어법의 공통의 줄기의 부분이라고 우리는 말할 수 없다. 내가 이 논문에서 상세한 부연설명을 나중에 하겠지만, 난 스피노자의 일원론적 형이상학과 근본적인 유사성에 대한 설명이 반드시 제시되어야 한다고 제안한다.

같은 라틴 어구에서 인용된 두 번째 구절은 다시 메를로퐁티 자신의 사상에 대한 결정적으로 중요한 것이 된다. 그것은 인식(cogito)에 관한 장에서 진리에 대한 증거와 그것의 관계의 대화에서 발생한다 (453[395]). 또한 여기서도 저자의 이름이 언급되지 않는다. 또 다시 스피노자의 어구는 메를로퐁티 자신의 관점에 표현하는데 도움이 된

---

2)   Phénomologie, p.432.

다. "우리는 진리를 붙잡고 있다." 사실, 인용된 어구는 여전히 스피노자의 다른 암시에 의해서 즉각적으로 따르게 된다. 우리는 참된 관념의 실제적인 소유가 우리를 더 나은 도구들로 나아갈 수 있게 하는 첫 번째 도구로써의 역할을 할 것이라고 들었다. 우리가 알고 있는 것처럼, 스피노자는 우리가 먼저 방법을 고안해야 하는 데카르트의 주장에 대한 비평으로써 진리에 대한 탐구의 이러한 표상을 사용했다. 확실히 스피노자는 느끼기를, 이러한 방법을 고안하는 것[3]은 인식력의 소유와 우리 사유의 일부분이 진리라는 사실의 인정을 전제하는 것이다. 또한 스피노자는 표면상으로 진리에 대한 주어진 인식이 가치와 더 나아가 그 자신의 고유한 가치를 수여하는 방법에 의해서 악한 천재를 쫓아내기를 원하는 것은 쓸모없는 것이라고 주장했다. 그가 잘 알려진 경구 "진리는 표식을 필요로 하지 않다."[4]에서 그것을 묘사한 것과 같다. 메를로퐁티의 관점은 스피노자의 용어가 물론 질문에서 인식력은 지적인 사람의 것이 아니라 구현된 지각이 있는 자의 것이라는 점에서 스피노자의 그것과 다르다는 것에 의해서 표현된다. 그는 명백하게 이 차이점을 알고 있었다. 왜냐하면 그가 말하기를, 참된 관념의 실제적인 소유는 적절한 사유와 절대적인 생산력의 이해할 수 있는 거처가 있다는 것을 단언할 수 있는 권리를 주지 않기 때문이다. 그리고 추가적인 몇몇의 페이지에서 스피노자는 이름으로 언급되었고, 절대적인 자기증거의 종속된 원시적 의견을 가지고 있단 이유로 고발되었다.

---

3)   Tractatus, ed. cit., p.13ff.
4)   *Ibid.*, p.15.

비록 종종 번역되었다 할지라도, 스피노자의 어구가 사용되어진 것 안에서 사용된 곳이 아니다. *The Visible and the Invisible*에서, 그것은 3번 일어난다.[5] 모든 3가지 경우에서 그것은 "주어진 참된 관념"이라는 지시에 의해서 표현되어지고 "중요한 것이 있다는 확신"과 "진리에 대한 관념"과 같은 표현들과 함께 병렬 안에서 놓여진다. 만약 어떤 사람이 이것이 바로 후기 작품(사후에 출판된)이라는 것과 스피노자의 용어 "관념"이 현대 철학 논문에서 이상하게 보인다는 것을 마음속에 간직하고 있다면, 메를로퐁티에 의한 그것의 사용은 주목할 만하게 여겨질 수밖에 없다.

그러므로 비록 다른 어떤 것보다 더 많이 고려된 그 어구가 더 종종 있음에도 불구하고, 그것은 결코 단지 스피노자에 대한 메를로퐁티의 암시의 예에서 만이다. 내가 이 논쟁을 시작한 현상학의 똑같은 초기 장에서, 스피노자는 지각이 전제 없이 결과를 산출한다고 말하는 것처럼 이름에 의해서 언급되어진다.[6] 똑같은 본문은 명백하게 인식에 관한 장에서 언급되어진다(p.432[377]). 거기서 항상 그것의 전제를 넘어서는 지각에 관한 이야기가 있다. 질문에서 요점은 위에서 언급된 것보다 덜 중요할지도 모르나 그러나 그럼에도 불구하고 그것은 기록에 실려서 위치해야만 한다. 유사하게 "첫 번째 지식"이라는 구와 관련되어 조심성 있게 "사물과 자연 세계"에 대해 다루는 장의 본문에서 일어나고 있다. 그리고 "나를 통하여 신이 그 자신을 사랑한다"(p.412[359])라는 스피노자의 개념에 대한 언급은 마찬가지로

---

5)   Le Visible et l'invisible, p.51, p.56, p.69.
6)   Phénomologie, p.48.

분류되어진다.

더 중요한 것은 아마도 "능산적 자연"과 "소산적 자연"이라는 표현의 빈번한 발생에 덧붙여진 것이다(즉 『현상학』., p.56, p.277). 확실히 이러한 표현들은 철학의 역사를 공부하는 사람들에게는 잘 알려진 것이다. 그렇지만, 이 논문에서, 내가 나중에 논의하려고 하는 관점에서, 그의 본문에서 그것들의 발생의 빈번함은 아마도 처음 생각되었던 것보다 더 주목할 만할 것일 수 도 있다. 내가 중요성을 고려하려고 하는 스피노자에 관한 언급의 이 조사를 완성하기 위해서, 나는 The Visible and the Invisible에서 "동일한"이라는 단어를 다소 빈번한 사용을 언급해야만 한다. 거기서 그것은 인식된 것들이라는 의미의 "cogitatum"과 "noema"가 나란히 사용되어진다.

이것을 구성하는 것은 무엇인가? 메를로퐁티가 알고 있었고 칸트, 헤겔 그리고 훗설과 비교하여 그에 대해 단지 가장자리의 관심이 있었던 것으로 생각되는 사상가에 다소 빈번한 언급을 설명한 스피노자와 친분이 있는가? 이 작품을 저술하고 있었을 때 그는 헤겔의 서론인 Phenomenology of Spirit를 강의하고 있었는데 왜 스피노자는 The Visible and the Invisible에서 헤겔처럼 자주 언급이 되었는가? Lefort에 의해 출판된 강의 노트를 읽음으로써 볼 수 있는 것처럼, 헤겔과의 어떤 친분은 명백한 것이다.[7] 인식과 회의주의의 문제에 대한 그의 확고한 거절은 생각건대 확실히 그를 메를로퐁티와 같은

---

[7] "Philosophie et non-philosophie depuis Hegel" (texre établi et preésént par Claude Lefort), Textures, 8-9, 1974. 그의 변증법에 대한 언급은 Le visible at l'invisible, pp.123-130을 보라.

정신을 만드는 것과 연관되었다. 게다가 그들은 일원론적 형이상학을 공유한다. 인식주체의 독립과 그가 알고 있는 것에 대한 외부적인 인식주체의 개념은 헤겔과 메를로퐁티 두 사람에게는 저주이다. 그리고 일찌기 암시된 것처럼, 절대적인 것이 우리와 함께 한다는 영향에 대한 그의 논제는 스피노자의 어구 "우리는 동일한 진리를 가지고 있다."에 대해 그 자신의 입장을 표현하는 메를로퐁티에 의해 사용되어져 왔다. 두 경우에서 우리는 mutatis mutandis와 같은 것을 덧붙여야만 한다. 왜냐하면 놀이로 인도되어지는 인식력의 본성에 관한 근본적인 불일치의 어느 한 경우에 남아있기 때문이다. 그렇지만 오히려 헤겔보다 스피노자는 또 다시 인용한다. 왜 그런가?

나는 그 설명이 다음과 같을지도 모른다고 제안한다. 스피노자와 헤겔 두 사람은 일원론자이고 그 점에서 메를로퐁티와 같은 성질인 반면에, 후자는 존재의 연합을 정신이나 의식이라고 부른다. 그러나 전자는 그것의 중립적인 성격을 주장한다.8) 스피노자에 따르면, 존재의 이 연합인 본성 없는 신은 사유로서나 외연으로서도 그리고 지성적인 것으로나 물질적인 것으로서(도) 정의할 수 없다. 이 두 가지는 동등하게 단일성을 "읽는"의 합법적인 방법이다. 사유와 외연 사이의 차이점이 남는다. 어느 것도 다른 것에 환원될 수 없다. 그들의 차이점이 궁극적인 것은 아니지만, 그것들을 감싸고 있는 단일성과

---

8) 만약 그가 Essays in Radica. (Empkrkcksm, 1912)에 나타난 William James 의 중립적 단일론을 알았더라면, 비록 그것이 제임스 자신이 물리적이고 정신적인 것에 그것의 중립성을 강조하는 것을 받아들였을지라도 그는 아마도 유사한 이유들로 인해 순수한 경험의 개념을 거절했을 것이다.

어떠한 속성으로 존재하든지 간에 이것은 중립적 실체이다. 그러므로 스피노자는 관념론자가 아니다. 만약 마지막 분석에서 참으로 존재하는 모든 것에 따라서 우리가 관점을 제한한 의미가 정신이나 의식이라면 말이다. 그러나 그는 그 용어의 받아들일 수 있는 어떤 의미에서는 유물론자는 아니다. 그렇지만 그것의 중립적인 성격에도 불구하고 기초를 이루는 물질은 스피노자의 세계에서 단일화하는 역할을 한다. 예를 들면 데카르트에 대한 대답을 제공함으로써, 우리의 지성적인 노력은 외연으로서 실재를 사로잡는 데 궁극적으로 실패하지 않을 것이라는 점을 보증해준다. 자 나는 이것이 메를로퐁티를 매료시켰던 그의 철학의 넓은 개요라고 주장한다.

나는 누군가가 『보이는 것과 보이지 않는 것』(*The Visible and the Invisible*)가 스피노자와 어떤 두드러진 유사점을 보여주는 입장을 나타낸다고 말할 수 있다고도 생각한다. 이 작품에서 다루어지는 두 가지 문제점들은 인식의 문제점과 존재의 문제점이다. 좀 더 정확하게는 우리가 사물들 자체에 도달할 수 있는 지각이 존재에 대한 학설에 의해서 논의되어진다는 점에서이다. 그리고 비록 그 책의 마지막 장에서 이러한 학설의 정교함이 모든 측면에서 명확한 것은 아니지만, "신체"라는 용어가 존재의 단일성을 명시하고 이러한 단일성이 물질과 정신, 육체적인 것과 정신적인 것과 관련하여 중립적이다라는 사실은 틀림없다. 메를로퐁티 스스로가 이 매우 전통적인 용어를 사용함으로써 이러한 방법으로 표현한다.[9] 그 자신이 선호한 용어에서,

---

9)   LeVisible., p.183f.

우리는 그것은 눈에 보이는 것과 시각, 지각할 수 있는 것과 지각에 관계하여 이것이 중립적이라고 말을 해야만 할 것이다. 다시 말하면 그것은 다양성에서의 일치이지 차이점들을 제거해야 하는 일치가 아니다. 그러나 시각과 보이는 것이 서로서로에게 외연적인 것으로 남아 있다는 사실은 실재론적으로 해석되어지지 않는다. 그것은 객관성과의 개념과 존재 그 자체를 포함하고 있다. 만약 우리가 안다면 우리가 아는 것이 실재라는 여전히 존재하는 실재라는 사유는 비록 어떤 시간에 무엇이든지, 그것들을 전혀 모른다고 할지라도 이미 그 책의 첫 번째 장에서 소박한 작가에 의해서 거절되어진 것이다.[10] 사실 마지막 장에서 표현된 존재에 대한 학설은 그 자신의 대안, 비–실재론자, 존재의 개념으로 정교하게 의도된 것이다. 그러나 반복해서 정말로 인식자와 인식자의 대상이 서로서로에게 외부적이라는 의미가 남아 있다. 그것은 한 사람은 인식하고(그리고 의식이라는 의미에서)이 있고 다른 사람은 인지되어진 것이다. 지각은 항상 어떤 상황에서 특별한 지각에 의해서 예시되어진다. 그리고 그런 지각의 관점은 같은 지각이 있는 나중의 지각에 의해서 뿐만 아니라 다른 지각이 있는 것에 의해서 끊임없이 도전받는다. 저 경우에서, 물체는 지각이 있는 무엇이든지 그것이 가지고 있을지도 모르는 특별한 시간에 특별한 지각에 외부적인 것으로 남아있다. 사람들은 또한 이 관계에서 메를로퐁티의 "사물들은 인간에게 이질적인 자연의 배경에서 근원되어진다."라는 언급을 회상해야만 한다.(『현상학』 374(324))

---

10) *Ibid.*, p.21.

비록 신체라고 불리는 존재의 단일성이 주체와 객체 사이에서의 차이점을 그대로 남겨둘지 모르지만, 그것은 그것들을 불러 모으는 데에도 도움이 된다. 그러한 점에서, 그것은 궁극적인 인식의 보증으로서 기여한다. 그것은 데카르트가 그의 첫 번째 명상에서 공식화한 인식의 문제를 해결하는데 도움이 된다. 그러한 문제는 부분적으로 위에서 언급한 객관성이나 존재 그 자체의 개념에 대한 우리의 수용에 달려있다. 그것은 그 개념이 회의주의를 수반하는 면에 달려있는 것이 아니라 데카르트가 공식화한 급진적인 회의주의가 객관성의 개념이 없이 가지적인 의미를 만들지조차 않는다는 것에 달려있다. 그 개념의 거절로부터, 단지 회의주의가 의미가 없다는 것이 논리적으로 따른다. 메를로퐁티는 주관적인 인식의 힘과 관련하여 존재의 상황을 설명하는 철학자인 것처럼, 인식에 대한 데카르트주의자들의 문제는 무의미한 것이다. 인식 능력이 있는 것과 단일성 안에서 그 또는 그녀의 목적과 함께 존재하는 논제에 대한 그 총합처럼, 전자는 후자를 알고 후자는 인식자에 대한 바로 그 존재를 드러낸다고 말할 수 있다. 인식자에 대한 활동적인 탐사는 목적이 수동적으로 인식되어진 존재를 기다리는 것 안에서 외부의 지배받는 것이 발생하지 않는다. 메를로퐁티가 말한 것처럼, 활동성과 수동성은 그들의 차이점 중 하나이다.[11) 유사하게, 인식은 불가피하게 상대적으로 위치해 있다 — 신체는 항상 우리와 함께 있다 — 그러나 우리는 직관적으로 객체에 가까이 가는 신체로부터 추상해낼 필요가 없다. 왜냐하면 차

---

11) *Ibid.*, p.183.

이는 근접함에 대한 또 다른 이름이기 때문이다.[12]

비록 논의 아래에서 두 사상가들 사이에서 스케치된 사상의 넓은 개요가 지금까지 어떠한 유사점을 가리키는 것처럼 나에게는 보일지라도, 메를로퐁티가 '신체'라는 용어의 사용과 함께 그가 마음에 가지고 있는 것이 철학의 역사에서 이름 없는 상태로 남아 있는 것이라고 강조했는데 이 부분이 논의되어질지도 모른다. 만약 내가 옳다면, 이러한 언급은 스피노자의 실체의 개념과 신체의 개념의 유사성에 대한 주의를 환기시키는데 헷갈리게 하고 있다. 왜냐하면 후자는 확실히 그것에 대한 이름을 가지고 있기 때문이다. 그는 그것을 신 즉 자연이라고 불렀다. 메를로퐁티는 이것을 무시한 것처럼 보이고 그는 원소에 대한 고대 희랍의 용어는 좀 더 적절하게 되어야 한다고 제안한다.

그것을 지시하기 위해서, 우리는 그것이 물, 공기, 흙, 그리고 불의 언급에 사용되어진 의미에서, 옛날의 용어 "원소"를 필요해야만 한다. 그것은 일반적인 사물의 측면에서, 시-공간의 개별적인 것과 관념 사이에서 중간이다. 그것은 존재의 양식을 존재의 조각이 있는 것마다 가지고 오는 구체화된 원리이다.   (p.184(139))

이 문장은 매우 분명치 않고 헷갈리게 한다. 이것이 나타내는 차이점은 "원소"라는 용어 그 자체가 분명하지 않다는 사실에 기인할 뿐

---

12) *Ibid.*, p.178.

만 아니라 그가 보이는 구체적인 우주에 대한 관념론자들의 개념을
상기시키는 용어 뒤에서 생각을 분명하게 표현한 것처럼 그 용어를
이해한 것을 저자가 준 설명이기 때문이다. 일반적이고 그와 동시에
우주와 시간을 차지하고 있는 일반적인 것이라고 불릴 수 있는 다른
것은 또 무엇이 있을까?[13] 그가 같은 성질의 구체적인 우주의 학설을
고려해야만 하는 것이 우리를 놀라게 할 필요는 없다.[14] 그는 분명하
게 전통적인 면에서 영원히 보편적인 것이 존재하는 것에 여지를 가
지고 있지 않다. 그럼에도 불구하고 그 문장은 그것의 전반적인 의미
에 관하여는 매우 분명치 않게 남아있다. 만약 우리가 희랍의 사상에
대한 암시를 심각하게 취한다면, 우리는 그의 견해의 해석은 유물론
자, 아니면 최소한의 과장된 유물론자로 끝난다. 그리고 그것은 힘차
게 단언한 존재의 개념에 대한 중립성을 확실히 파괴할 것이다. 약간
다르게 표현한다면, 존재의 단일성은 또한 포함헤야만 한다. 그리고
어떠한 면에서 사물이 어떤 관점이나 상황으로부터 어떤 사람에 의
해서 보여진다는 사실과 나머지가 지각이 있는 것처럼 명백한 태도
그 자체의 사실을 설명한다. 다른 말로하면, 원소의 개념은 우리가
그것을 광택이 나는 저자 자신의 방법을 만드는 무엇이든지 비-유물
론자의 방식으로 취해져야만 할 것이다.

그가 신체라고 부른 것에 대해 이름을 가진 이전의 어떤 철학자들
도 단지 오해라는 취지에서 저자의 반복된 진술이 확실하다. 예를
들면 스피노자의 신 즉 자연(Deus sive Natura)으로서의 지정은 잘못된

---

13) 구체적인 우주를 상기시키는 용어는 또한 이 장의 여러 곳에서 발견된다.
14) Sens et non-sens. Nagel, 5t ed., 1966, p.117과 비교해보라.

것이고 오도된 것이다. 그리고 헤겔의 용어 "정신"은 충분하게 중립 적이지 않다. 사람들이 부정할 수 없는 것은 그러한 사상가들이 마음 에 가지고 있는 것은 본질적으로 존재의 단일성과 유사한 것이었다. 그리고 똑같은 것이 윌리암 제임스의 용어 "순전한 경험"으로 말해져 야만 한다. 세 명의 모든 사상가들은 이러한 단일성이 적절하게 그려 질 수 없다는 것을 강조하면서 언급했다. 만약 우리가 두 개나 그 이상의 실체 즉 신체와 정신, 물질과 사유, 주체과 객체에 의해서 시 작한다면 말이다. 그가 반드시 말하기를 원했던 것은 이러한 지정에 대해 아무것도 그가 받아들일 수 없다는 것이다. 그는 분명히 그것이 존재를 알고 있는 힘의 구성으로서 구체화에 대한 어떠한 제안을 포 함할 것이라는 존재의 단일성에 대한 지시를 추구하고 있다. 그러나 내가 보는 한에 있어서 "원소"라는 용어는 단지 열거된 세 개의 지시 보다 낫지 못하다. 누군가가 작가자신의 고압적인 광택으로부터 인 정할 수 있는 것처럼 말이다.

요약하자면, 내가 관심을 끌기를 원하는 것은 스피노자와 메를로 퐁티 사이의 바로 그 광범위한 유사점인데 메를로퐁티는 그의 논쟁 의 어떠한 점에서 스피노자의 용어를 사용함으로써 그를 자극했다. 나는 차이점의 어떠한 정교함을 일부로 자제했다. 단지 그것들이 아 는 자의 자연에 관한 일탈된 견해와 관계가 있다고 주의하면서 말이 다. 스피노자의 철학에서, 지각은 지성의 더 높은 힘에 의해 비평되 어지는 힘이다. 구체화된 지각은 강조적으로 실재를 아는 방법에 의 해서 옆에 놓이게 된다. 메를로퐁티에게서 지각은 그 자체를 비평하 고 그것이 발생하는 언제든지 그자신의 인식의 문제를 푸는 힘이다.

그러나 두 견해에서 이러한 근본적인 차이점에도 불구하고 유사점은 주목할 만한 가치가 있는 것으로 남아 있다.

:: 찾아보기